Hubert Rodingen
Schlüssel zum Recht

Hubert Rodingen

Schlüssel zum Recht

Mit 8 Zeichnungen von
Honoré Daumier

ECON Verlag
Düsseldorf · Wien

CIP-Kurztitelaufnahme der Deutschen Bibliothek

Rodingen, Hubert:
Schlüssel zum Recht / Hubert Rodingen. - 1. Aufl. -
Düsseldorf; Wien: ECON-Verlag, 1986.
ISBN 3-430-17793-6

1. Auflage 1986

Gesetzt aus der Times der Fa. Berthold
Satz: Dörlemann Satz, Lemförde
Papier: Papierfabrik Schleipen GmbH, Bad Dürkheim
Druck und Bindearbeiten: Pustet, Regensburg
Printed in Germany
ISBN 3 430 17793 6

Inhalt

Vorwort

Im folgenden schildere ich unser bundesdeutsches Recht im Vergleich zu anderen Rechtskreisen, die uns wesentlich mitbestimmen. Ausgespart bleibt das Völkerrecht.

Mein Grundgedanke dabei ist der: Wir wenden in den europäisch geprägten Gesellschaften gesetzesförmiges Recht an, was mit sich führt, daß wir eine schriftlich verfaßte und abgehobene Rechtskultur kennen, die in der Hand eines besonderen Standes, eben der Juristen liegt. Das war nicht immer so und braucht auch nicht so zu bleiben. Im Nahbereich wie der Familie etwa wirkt sich das gesetzesförmige Recht eher schädlich als nützlich aus. Hand in Hand mit einer auf Gesetze zugerichteten Gesellschaft geht die Zentralgewalt, die sich zunehmend auf Kosten der Bürger schützt und die vielleicht dazu taugen mag, den Fernverkehr mit Waren und Geld zu sichern, die aber im Nahbereich so wenig angebracht ist wie hier das Recht in Gesetzesform.

Mein Buch beginnt und schließt mit dem Verfahren. Denn trotz der Starre der Gesetze fasse ich das Rechtsgeschehen als Prozeß auf. An den Prozeß schließt sich der mythische Grund unseres Rechts, das Strafrecht, das indessen in seinen abstrakten Strafweisen (Geld- oder Freiheitsstrafe) auf unsere abstrakte Kultur verweist, die diesen Namen kaum mehr verdient und eher als bloße Zivilisation bezeichnet werden kann. Nach dem Strafrecht handle ich das Recht des Fernhandels ab, das Verkehrsrecht, das wie kein anderer Rechtszweig das aufgeschlagene Buch unserer Gesellschaft ist; wenngleich ein kaum leserliches. Daher bediene ich mich nicht der Juristensprache, die trotz aller deutschen Ausdrücke den meisten eine Fremdsprache geblieben ist. Besonderes Gewicht fällt hier dem Arbeitsrecht zu, das deutlich über die sozialen Machtverhältnisse und gesellschaftlichen Auseinandersetzungen Auskunft gibt.

Großen Raum nimmt in meiner Darstellung das Familienrecht ein, läßt sich doch an ihm die Unsinnigkeit bloßer flächendeckender Verregelung aufs Trefflichste dartun.

Im öffentlichen Recht werden wir hier einen Eindruck vom verzwickten Regelwerk eines freiheitlich und bundesstaatlich verfaßten Gemeinwesens gewinnen können.

Ein nächster Schwerpunkt liegt gerade angesichts der Kernschmelze in der Ukraine auf dem Umweltrecht, das in schroffer Weise mit dem Selbstschutz des Staates kontrastiert.

Das Buch endet mit einem Überblick über die wichtigsten Rechts- und Kulturkreise.

Hervorheben möchte ich noch folgendes: Ich greife viele der Anregungen auf, die ich auf dem 11. Weltkongreß der »Internationalen Vereinigung für Rechts- und Sozialphilosophie« empfing, der im August 1983 in Helsinki stattfand. Ich berichte insofern auch über den derzeitigen Stand der internationalen Diskussion übers Recht; eindringlich fand ich vor allem die Erörterungen über den zivilen Ungehorsam.

An Literatur werde ich wenig anführen. Was die Gesetze angeht, so führe ich die wichtigsten Vorschriften wörtlich an, andere umschreibe ich. Der Leser, der das eine oder andere nachschlagen will, versehe sich am besten mit einer der vielen Loseblattsammlungen etwa zum bürgerlichen oder öffentlichen Recht, die am Markt gehandelt werden. Ich habe jeweils das Datum der Verabschiedung oder der Neufassung der Gesetze angegeben, um dem Leser das Auffinden zu erleichtern.

Für die Mithilfe bei der Anfertigung des Manuskripts danke ich Dieter Werner und Ruth Tenhaefe.

Münster, im Juli 1986 Hubert Rodingen

1. Der Rechtsgang

Im Grunde zielt der Rechtsgang darauf ab, Streitigkeiten beizulegen; er ist »Konfliktmanagement«.

Auseinandersetzungen, Streitigkeiten, Konflikte treten überall auf. Wir treffen sie zu allen Zeiten in allen Kulturen an. Unsere Prozesse stellen uns nur *eine* Art der Streitbeilegung vor, und oft nicht einmal die für uns *beste*. Daher erscheint es mir geboten, nicht gleich den Blick auf Zivil- und Strafprozeß einzuengen, sondern erst einmal den Rahmen möglicher Arten von Konfliktlösungen anzudeuten und auf ihre Verteilung in einzelnen Kulturen zu achten.

Arten der Streitbeilegung

Zwang und Verhandeln

Stellen wir uns vor, wie Zwiste beseitigt werden können, so verfallen wir zunächst auf Zwang einerseits und Verhandeln andererseits.

Zwang meint: Eine der Parteien diktiert der anderen das Ergebnis des Konfliktes, weil sie die Gewalt dazu hat oder sich verschaffen kann, oder weil sie Macht genug hat, dem Unterlegenen den eigenen Willen auch gegen dessen Widerstreben aufzuzwängen.

In allem das Gegenteil bedeutet das Verhandeln: Beide Verhandlungspartner zielen auf eine einverständliche Lösung des Konfliktes ab und akzeptieren das erarbeitete Verhandlungsergebnis, meist in Form eines Kompromisses, eines Vergleichs. Den Partnern geht es nicht um die volle Durchsetzung ihrer Interessen, sondern um deren Ausgleich. Normen spielen beim Zwang sowie beim Verhandeln eine geringe Rolle. Ein Dritter ist nicht vorhanden. Anders bei den anderen Typen des Konfliktmanagements: dem Vermitteln, dem Schlichten und dem Richten.

Richten und Schlichten

Die Parteien wenden sich an einen Dritten oder werden an ihn verwiesen, so etwa an den Schiedsmann im Privatklageverfahren; vgl. § 380 der Strafprozeßordnung (StPO) vom 1. 2. 1877; Schiedsmannsordnung vom 29. 3. 1879.

Der Vermittler beteiligt sich an der Verhandlung der Parteien. Er lenkt und fördert sie. Sozial läuft die Vermittlung auf friedliches Zusammenwirken der Parteien für die Zukunft hinaus. Die Vermittlung setzt in der Regel autonome Gesellschaften mit schwacher Zentralgewalt voraus, die auf gemeinsames Wirken etwa bei der Verteidigung oder Bewässerung angewiesen sind. Mit zunehmender Einfügung in Märkte oder übergreifende andere Organisationen weicht das Vermitteln der Rechtsprechung durch staatliche Gerichte, so etwa in Taiwan und in den Ländern des Nahen Ostens. Ähnlich verlief die Entwicklung vom fernöstlich bevorzugten Vermitteln zum Richten in den »Chinatowns« der USA, als sich die isolierten Siedlungen und Bereiche in das kapitalistische Großsystem einfügten und die Sippen zerfielen.

Der Vermittler, das unterscheidet ihn vom Schlichter, teilt sich die Kontrolle über den Ausgang des Verfahrens noch mit den Parteien.

Im Schlichtungsverfahren, hier typisch: In der arbeitsrechtlichen Schlichtung oder im Schiedsgerichtsverfahren können sich die Parteien im voraus dem Spruch des Schlichters unterwerfen.

Geschichtlich stellt die Schlichtung eine Frühform des Rechts dar, so etwa in der alten ägyptischen, in der babylonischen und assyrischen Rechtspflege. Die griechischen *diaiteten,* die römischen *arbitri* oder der *hakam* im präislamischen Arabien wurden als staatlich eingerichtete Schiedsrichter tätig. Im Unterschied zum Vermittler mußten sie, um ihren Spruch zu begründen, auf Normen zurückgreifen, die über den Parteien standen.

Immerhin können die Streitparteien oft noch die Verfahrensweise bestimmen, was bei der letzten Art der Konfliktbewältigung, dem Richten, entfällt: Der Rechtsprozeß entwindet den Parteien das Verfahren und unterwirft es einer formalen und materiellen Rechtsordnung. Weder das Verfahren noch dessen Ausgang müssen von den Parteien akzeptiert werden. Das Gericht bedarf daher weiterer Organe, um seinen Spruch durchzusetzen.

Die große Treppe des Justizpalastes. Blick auf die Gesichter.

Das Richten setzt eine Zwangsgerichtsbarkeit voraus, die tätig wird, sofern entsprechende (Anklage- und Klage-)Anträge bei ihr eingehen.

Immerhin bleibt dem Richten sowie dem Schlichten und Vermitteln gemeinsam, daß ein Dritter in den Streit zweier Parteien tritt. Dies ist, wie ethnische Untersuchungen ergaben, desto eher der Fall, je umfassender und verzweigter die Interessen und Einrichtungen sind, die dem Bestand einer bestimmten Gesellschaft dienen.

Umgekehrt: Je vereinzelter und unabhängiger soziale Zusammenschlüsse, desto eher greifen sie zu Zwang und Verhandeln, stets darin bedroht von der Gefahr gewaltsamer Selbsthilfe.

Wir werden sehen, daß uns diese Erwägungen in vieler Hinsicht, unter anderem auch bei der Lösung heutiger Rechts- und Verfahrensfragen, helfen werden.

Vergleich und Urteil

Wenden wir uns unter diesen Aspekten dem heutigen Prozeßrecht zu, so fällt uns zunächst auf: Obgleich ein knappes Drittel aller bürgerlichen Rechtsstreitigkeiten gütlich endet, wird schon in seiner Ausbildung der Richter auf den Prozeßvergleich kaum vorbereitet. Er erlernte die normgerechte Entscheidung von Rechtsfällen, nicht die Gestaltung von Lebenssachverhalten. Sein Blick ist auf bruchstückhafte Vergangenheitsbewältigung gerichtet, auf Erweis der Normfestigkeit, nicht auf Vorteile, die die Zukunft bieten könnte, nicht auf parteigebundene Streitlösung, sondern auf gesetzesbezogene. Dem entspricht ein formal geschlossenes Verfahren, wie es unsere Verfahrensordnungen mit viel Liebe zum Detail ausgestaltet haben, nicht ein offenes.

Das formale Verfahren engt durch fortschreitende Ausschließung den Streitstoff ein und ordnet ihn auf die Norm zu: die Anspruchsgrundlage im Zivilprozeß, die Strafnorm im Strafprozeß.

Auf daß die Gesetze greifen, wird Wirklichkeit satzförmig vorgestellt. Im Streit- und im Beweisfall sagt der Richter, der nie dabei war, was wirklich geschah, wobei ihm zivilrechtlich Vermutungen zur Seite stehen wie etwa die, daß der Besitzer einer Sache auch deren Eigentümer sei.

Indessen muß in der sozialen Beziehung etwas fehlgelaufen sein, wenn es zum Streit kommt. Der Richter kuriert gesellschaftliche Krankheiten aus wie der Arzt leibliche. Richtig ist daher die Ansicht, welche der streitigen Entscheidung Nachrang nach der gütlichen Streitbeilegung einräumt, nicht Vorrang vor ihr.

Systemtheoretisch gesprochen: Das System wird entlastet ohne Leistungsverlust; die Parteien gestalten mit, ohne von einem Machtspruch überfahren zu werden, den nicht einmal der Richter zu verantworten hat. Denn anders als der Wirt steht der Richter für seine Entscheidungen nicht ein. Der vergleichende Richter leistet Beihilfe zur Eigenleistung. Der entscheidende Richter setzt seine Leistung, die er nicht zu verantworten hat, an die Stelle einer durch die Parteien nicht erbringbaren Eigenleistung.

Dies mag idealistisch klingen, wenn wir bedenken, daß oft Firmen es geradezu auf einen Richterspruch anlegen, um ihre Position am Markt gesetzlich verankern zu lassen. Beispielsweise befaßt sich der Bundesgerichtshof in einem Viertel aller Fälle mit Wettbewerbssachen, die erstinstanzlich nur ein Hundertstel aller Fälle ausmachen. Vor dem Zivilrichter wird der Wettbewerb am Markt mit anderen Mitteln fortgesetzt. Der Kampf ums Recht ist oft nur ein Kampf um Marktanteile. Daher wird man zumindest für den Nahbereich den Vorrang des Vergleichs vorm Urteil behaupten können.

Was die Praxis der Gerichte im Fernbereich angeht, so treten diese weniger als Gerichte auf, denn als Wirtschaftssicherungsämter. Dem entspricht, daß etwa in den sozialistischen Ländern die staatlichen »Vertragsgerichte«, die über Streitigkeiten zwischen plangebundenen Produktionseinheiten entscheiden, entgegen ihrer Bezeichnung keine Gerichte sind, sondern Behörden: Zwangsschlichter, die das Planinteresse auch gegen das Betriebsinteresse der Streitenden durchsetzen.

Ganz ähnliche Bedeutung haben im staatlich regulierten und mitgesteuerten Kapitalismus die Gerichte, zumal die Ober- und Bundesgerichte, in Wirtschaftssachen: Sie sind systemerhaltende Zwangsschlichter und haben mit Gerechtigkeit im Sinne von Billigkeit kaum etwas zu tun. Vielmehr dienen sie eher der Verfestigung oder Verstärkung der Marktmacht der Streitenden und dem Standesbedarf der Juristen nach Dauerhaftigkeit und Widerspruchslosigkeit (Konsistenz) der Rechtsprechung.

Dazu bedienen sie sich formaler Denkfiguren, die, wie wir

sehen werden, logisch-theoretisch unhaltbar sind, sich aber als herrschaftssichernd und standeserhaltend erweisen: Diese logischen Denkfiguren erhalten, beschleunigt, Massengesellschaften. Wir greifen nur auf den Prozeß zurück und greifen ihm vor.

Ausschluß durch Verfahren

Im Prozeß wird das, was inhaltlich räumlich vorgestellt wird, in eine zeitliche Abfolge gebracht. Was im materiellen Recht die Ausschließlichkeit etwa von Sache und Recht oder Betrug und Erpressung, das ist im Verfahren die stufenweise Vorausschließung (Präklusion) von Rechtshandlungen von der Klageerhebung bis zur Vollstreckung. Durch sukzessive sprachliche Vorfilterung des Streitstoffes wird Entscheidbarkeit produziert. Dabei wird vorausgesetzt, was selten zutrifft: ein durchnormierter, da unter eine Norm zu bringender Sachverhalt bei der Rechtsfindung und eine sich nach Denkschablonen richtende Wirklichkeit im Beweis.

Kannte das römische Recht noch den Zwangsvergleich *(transactio cogenda),* etwa wenn die Streitenden zu den Waffen zu greifen drohten oder sie eine soziale Polarisierung auslösen konnten, so ist das Rechtsverfahren heute auf richterliche Entscheidung und Aufklärung des Streitgeschehens ausgerichtet, auf Urteil im Normbereich und Wahrheit im Tatsachenbereich. Der Zwang zur Gleichheit in der Gesetzesanwendung ebnet das Tatsächliche ein und stellt sich gegenüber den Rechtsfolgen blind; blind vor allem gegen das, was wir als Banalisierung der Wissenschaft kennen oder was philosophisch als Selbstverdoppelung einer sich selber unbewußten Machenschaft angesprochen wird; blind aber auch gegen den Unterlegenen, der oft zur Gänze sein Gesicht verliert, oder gar gegen den Willen beider Parteien, die das in einem entrückten Verfahren hergestellte Produkt gar nicht wollten: das Urteil, das sie dann trifft. Die Parteien, die das Gericht anriefen, um Gerechtigkeit zu erlangen, sehen sich im Verfahren einem maschinellen Ja/Nein-Spiel von Anträgen und Gegenanträgen sowie Vorausschließungen ausgeliefert, das ihnen fremd erscheint und das im Grunde nur die Entfremdung und Verdinglichung verstärkt, die zu durchbrechen sie oft genug das Gericht anriefen.

Deutungen des Prozesses

Gemäß kausal-rationalen Grund-Folge-Schablonen und final-funktionalen Mittel-Zweck-Schemata streiten sich heute Was-Woher- und Was-Wozu-Lehren um die Deutung des Prozesses. Für die einen ist der Prozeß ein ableitendes Beweisverfahren. Der Prozeß erhärtet, daß der Sachverhalt x vorliegt, der die Norm y erfüllt. Für die anderen verfolgt der Prozeß einen Zweck, einmal den, dem Obsiegenden ein vollstreckbares Urteil in die Hand zu geben, oder aber den Zweck, den Unterlegenen kommunikativ zu isolieren, auf daß er mit seiner Darstellung nicht mehr gehört werde.

In kausaler Deutung entfaltet der Prozeß den durch Klageerhebung bezeichneten Streitstoff in strengen Schritten: Der Prozeß ist Folge eines Grundes. Die andere Deutung gibt den Prozeß als Mittel aus, das dazu dient, dem Antrag des zivilrechtlichen Klägers oder des strafrechtlichen Anklägers Rechtskraft zu verleihen und/oder dem Unterlegenen die Chance nicht gewaltsamer Durchsetzung seines Anspruchs zu nehmen.

Verdeutlichen wir diese verschulten Auffassungen an der Erklärungslast und Wahrheitspflicht einerseits und an der Rechtskraft und Vollstreckbarkeit andererseits im Zivilprozeß.

Wahrheitspflicht und Darlegungslast

Gemäß dem im Jahre 1933 in den Zivilprozeß eingeführten Grundsatz der materiellen Wahrheit müssen die Parteien den Sachverhalt »vollständig und der Wahrheit gemäß« dartun; vgl. § 138 Abs. 1 der Zivilprozeßordnung in der Fassung vom 12. 9. 1950. Da indes die Parteien durch Vorbringen auch widersetzlicher Sachverhalte den Streitstoff bestimmen, kommt es nicht auf die Wahrheit einer Behauptung an, sondern darauf, daß sie bestritten wird. Sofern die bestrittene Behauptung rechtserheblich ist, muß sie von dem, dem die Beweislast *(onus probandi)* obliegt, bewiesen werden.

Zum Beispiel bringt der Beklagte gegen die Kaufpreisklage des Klägers vor:

1. er habe die Sache nicht gekauft;
2. die Sache sei ihm nicht übergeben worden;
3. die Sache sei schadhaft;

4. er habe den Kaufpreis bezahlt;
5. er habe gegen den Kaufpreis eigene Ansprüche aufgerechnet.

Der Beklagte kann das alles auf einmal vorbringen, wobei er im Streitfall das, was in seinen Handlungsbereich fällt, also die Einwände 3-5, selbst zu beweisen hat - unabhängig davon, ob sich nun inhaltlich die Einwände widersprechen oder nicht. Den Richter geht nur an, ob die Behauptungen irgendeine Norm erfüllen, die den Klageantrag stützt oder beeinträchtigt: Gib mir Fakten, ich spreche Dir Recht *(Da mihi factum, dabo tibi ius).*

Der *praetor* im römischen Recht, der im übrigen auch wesentlich als Vermittler und Schlichter auftrat, prüfte beim Eingang des Klageantrags, ob der Kläger eine Anspruchsgrundlage habe; ob ihm eine *actio* (von agere = handeln, tun) zur Seite stünde. War das der Fall, so wurden Streitstoff und Urteilsrahmen durch diese Norm vorbestimmt. Über das Beantragte hinaus ging und geht der Richter nicht: *ne ultra petita iudex eat.*

Anders in der *transactio,* der gütlichen Beilegung, auf die der Richter stets hinwirken soll; § 297 ZPO.

Im strittigen Fortgang nun wird der Streitstoff weiter mehr oder weniger formell bearbeitet: durch Nachteile für die säumige Partei, Ausschluß von Vorbringen nach Schluß der letzten mündlichen Verhandlung, Einengung oder Erweiterung der Anträge, Veränderung der Sachlage, Parteienwechsel, um nur ein paar der vielen Spielarten der Abweichung vom gewöhnlichen Verlauf zu nennen. Der Prozeß endet, nach wieviel Instanzen auch immer, mit einem rechtskräftigen Urteil.

Die Rechtskraft nun wird entsprechend der Wahrheit einmal materiell und einmal formell gedeutet.

Rechtskraft und Identität des Sachverhalts

Materiell schafft eine unanfechtbare gerichtliche Entscheidung Recht unter den Parteien, formell hindert sie die Gerichte daran, in derselben Sache noch einmal zu entscheiden. Indessen: Was ist »dieselbe Sache«? Sowenig Juristen bei der Wahrheit des festgestellten Sachverhalts ein Beschreibungsmerkmal anzugeben vermögen, sowenig entdeckten sie ein Merkmal für die Dieselbigkeit der Sache. Was wir als allgemein logisch ungelöst kennen, ist auch prozessual nicht lösbar. Im Zivilprozeß stellt sich das Problem der Identität einer Sache vor allem bei klageabweisenden Urteilen, wenn der Kläger wieder klagt. Wurde zum Beispiel die Klage mangels Vorliegens der Normteile x, y abgewiesen, und wird deren Erfüllung in der neuen Klage behauptet, so fragt es sich oft, ob derselbe Gegenstand überhaupt vorliegt.

Auf ganz ähnliche Schwierigkeiten wie im Zivilprozeß, dem Vorbild vieler anderer Prozeßordnungen, stoßen wir im Strafprozeß, wenn auch hier wir nur die Anklage und die Rechtskraft betrachten. Anders als in bürgerlichen Streitigkeiten ist der angeklagte Straftäter Objekt des Verfahrens. Er darf es nicht im Normbereich mitgestalten, im tatsächlichen allerdings durch Beweisanträge. Normativ steht in der Anklageschrift, die zu Beginn verlesen wird, welche Straftat verhandelt wird, also zum Beispiel:

Der (Beruf, Name, geb., Wohnung, Staatsangehörigkeit) wird angeklagt, einem anderen eine fremde bewegliche Sache in der Absicht weggenommen zu haben, sich dieselbe rechtswidrig zuzueignen, indem er in der Gastwirtschaft »Zwei Löwen« in Neumünster am 3. 1. 1986 gegen 17.00 Uhr dem Amtsrichter R. die Strafakte 502 Js 104/85 entwendete, die R. zur Bearbeitung bei sich führte, als R. sich kurzfristig von seinem Tisch entfernte; Vergehen, strafbar nach § 242 StGB.

Wird der Angeklagte nun verurteilt und darauf angeklagt, am selben Ort zur selben Zeit dem R. die Akte 205 Js 104/85 entwendet zu haben, so fragt es sich, ob dem nicht Artikel 103 des Grundgesetzes vom 23. 5. 1949 entgegensteht: »Niemand darf wegen derselben Tat auf Grund der allgemeinen Strafgesetze mehrmals bestraft werden.« Da hilft dann auch kaum das Reichsgericht weiter, das in Bd. 8, S. 139 seiner Entscheidungen in Strafsachen den heute auch sprachlich noch unüberholten Gedanken aussprach: »Die Identität einer Tat im hier erheblichen Sinn liegt vor, sobald das im Eröffnungsbeschluß gekennzeichnete historische Vorkommnis in seinen wesentlichen Elementen den Mittelpunkt der neu angeklagten Tat ebensowohl bildet, die letztere von der Substanz der ursprünglichen Anklage als zugehöriger Bestandteil mitergriffen wird.«

Die Dieselbigkeit der Tat, die Identität, rührt an all die ungelösten Probleme, die wir anläßlich der Erörterungen antreffen, die wir darüber anstellen, wie unsere Begriffe die Wirklichkeit treffen. Nur tritt diese Ungelöstheit hier um so schärfer hervor, als der

Strafrichter die materielle Wahrheit zu ermitteln hat. Er verurteilt den Angeklagten ja nicht wegen einer unbestrittenen Behauptung, sondern weil er überzeugt ist, daß sich das in der Anklageschrift Behauptete tatsächlich zugetragen hat. Dabei meint Wahrheit im Prozeß wie auch anderswo nichts anderes als das Ergebnis einer Sprachmanipulation: Wird im gesetzlichen Bereich Entscheidbarkeit dadurch hergestellt, daß das Geschehen auf die Norm zugerichtet wird, so im Tatsachenbereich Wahrheit dadurch, daß die Tatfeststellung auf die Tatbenennung zugerichtet wird. Für den Laien meist unmerklich, wird ein Geschehen so lange bearbeitet, bis es lückenlos unter eine Norm paßt oder halt nicht paßt - und das von alters her.

Der Prozeß: Kernstück der Rhetorik

Die alten Redner wußten, daß Wahrheit in Aussageform ein Geschehen so darbietet, daß es auf die berühmten W-Fragen antwortet - heute noch die Fragen der Journalisten: Wer, was, wo, wann, warum, wie, mit welchen Mitteln, wen.

Der Richter also, der etwa die Streitfrage zu beantworten hat, ob angesichts einer Leiche Tötung vorliegt, wird sich diese Fragen stellen, sofern Tötung überhaupt rechtlich relevant ist - ein Umstand, der etwa bei erlegten Kriegern oder Katastrophenopfern bekanntlich unerheblich ist.

Diese W-Fragen, die *circumstantiae,* die *peristaseis,* sind also der erste Schritt, eine Tat festzustellen: Liegt nicht einfach ein Ereignis vor, sondern eine Tat? Tat also als Zurichtung der Welt auf den Dreierspruch gefaßt: auf Täter, Tathandlung, Tatopfer.

Die Feststellung der Tat setzt eine Erörterung in Gang, eben: den Prozeß.

Begonnen wurde der von alters her mit einem Antrag - germanisch: dem *Gerüfte:* Einer lief durch eine Siedlung und rief etwa aus: Mein Onkelchen ist erschlagen! Auf das Gerüfte liefen die Leute zusammen und sahen sich zum Beispiel das tote Onkelchen an. Darauf entstand ein Prozeß, ein der Täter-Auffindung und -Verurteilung dienlicher sprachlicher Vorgang, eine Auseinandersetzung in der Gemeinde. Die Stufen dieser Auseinandersetzung stellen die Urform öffentlicher Rede dar: der Gerichtsrede, *genus iudiciale, genos dikanokón.*

Die uns vertrauten anderen Redeweisen, die Beratung und Einstimmung *(genus deliberativum, genus demonstrativum; genos symbouleutikòn, genos epideiktikón)* kamen später auf. Die Rechts- oder Gerichtsrede durchlief die folgenden Stufen, die auch heute noch die wesentlichen Stufen unserer Prozeßordnungen bilden. Man redet hier von dem Status, den *staseis* der Gerichtsrede, die ebenso barsch wie unsere Verfahrensordnungen zwischen Tatsächlichem und Gesetzlichem trennen.

Tatstandpunkte

a) Tatfeststellung - eben durch die Journalisten-Fragen *(coniectura, stochasmos)*;
b) Tatbenennung *(definitio, horos)*;
c) Tatwürdigung *(qualitas; poiotes)*;
d) Verhinderung der Tatbeurteilung *(translatio; metalepsis)*.

Um dies zu erläutern, bleiben wir beim Beispiel des Aktendiebstahls:

a) Der A. nahm die Akten des R. an sich. Er ergriff sie mit der rechten Hand in ... am ... und verschwand. Er brach fremden und begründete eigenen Gewahrsam an Sachen, die ihm nicht gehörten.

b) Also: Diebstahl; § 242 StGB. A. handelte, wie Juristen sagen, tatbestandsmäßig. Aber auch rechtswidrig und schuldhaft? Darüber gibt Tatstandpunkt c) Auskunft:

c) Waren, wie A. behaupten könnte, die Akten mit Gift oder Strahlen hochverseucht, was R. nicht wußte; und wollte A. sie schleunigst aus dem Verkehr ziehen, entfällt die Rechtswidrigkeit; § 34 StGB. War A. schuldlos volltrunken, so entfällt die Schuld. Er wird nicht wegen Diebstahls bestraft, auch nicht wegen Vollrauschs; § 330a StGB.

d) Hat A. den Diebstahl rechtswidrig und schuldhaft begangen, kann sich das Gericht dennoch an der Verurteilung des A. gehindert sehen, etwa: weil es nicht zuständig ist, weil die Tat verjährt ist, weil R. der Vater des A. war und keinen Strafantrag gestellt hat; § 247 StGB.

Die antiken Tatstandpunkte enthalten in knapper Aufschlüsselung, was unsere Verfahrensordnungen aufs Ausgiebigste ausmalen. Vor allem verweben sie materielles und Verfahrensrecht, was, da von alters her sakral, einen mythischen Beweis dahin setzt, wo wir mit unserer Wer-Was-Wen-Ratio nicht weiterkommen, etwa den Eid, den Schwur.

Was das materielle Straf- oder Zivilrecht mit seinem strikten Ja/Nein (Verurteilung oder Freispruch; Klagestattgebung oder -abweisung) anzielt; was es als idealen Kosmos des Entscheidbaren einflüstert, das wird durchs Verfahrensrecht inszeniert. Hier kennen wir Mythen wie Schwur oder zeitgenössischer gesagt: Fachgutachten, die das den Fachverstand des Richters Überschreitende durch einen anderen Fachverstand ersetzen: einen nie endenden, das heißt mythischen Verweisungszusammenhang.

Soviel zu den Tatstandpunkten, die griechisch ganz sinnenfällig Verwortungen heißen: *staseis logikai* (logos = Wort). Nun zu den Gesetzesstandpunkten: *status legales; staseis nomikai;* (nomos = Gesetz). Diese sind auch wohl der leichten Merklichkeit willen und weil Vierheit von alters her die Ganzheit versinnbildlicht, viergeteilt.

Gesetzesstandpunkte

a) Wortlaut und Wille; *scriptum et voluntas; kata rheton kai hyexairesin;*
b) Widersprüchlichkeit; *leges contrariae; antinomia;*
c) Zweideutigkeit; *ambiguitas; amphibolia;*
d) Lückenfüllung; *ratiocinatio; syllogismos.*

Die Gesetzesstandpunkte enthalten in Keimform die gesamte moderne Auslegungslehre.

Da der Inhalt von Rechtstexten gerade im Verfahren gegensätzlich ausgelegt wird, haben die Alten die Auslegungslehre in das Verfahren einbezogen; so wie überhaupt das ursprüngliche Recht Verfahrensrecht war, ging es doch um Schritte, die ähnlich wie Abschnitte etwa in der Herstellung eines Bootes aufeinander zu folgen hatten. Und die Stände gaben an, welche Gesichtspunkte in welcher Reihenfolge Beachtung verdienten.

Im einzelnen treten die in den Gesetzesständen genannten Fragen überall auf; handle es sich um materielles oder Verfahrensrecht, um Gesetze oder Entscheidungen.

Besonders störend wirken in einer sich an logischer Gradlinigkeit ausrichtenden Gesellschaft Widersprüchlichkeiten. Deswegen hat auch der Große Senat des Bundesgerichtshofs zu Karlsruhe sowohl in Straf- wie Zivilsachen die Endentscheidung zu treffen, falls ein Senat in Rechtsfragen, besser: Gesetzesfragen von einem anderen Senat des BGH oder dem Großen Senat abweichen will; § 136 Abs. 1 des Gerichtsverfassungsgesetzes in der Fassung v. 9. 5. 1975.

Das gleiche gilt für die Oberlandesgerichte, welche in Rechtsfragen voneinander abweichen möchten.

Widersprüchlichkeiten werden durch den geballten Verstand der Ober- und Bundesrichter gelöst. Wie Papst und Konzilien nicht irren können, so wenig die Vereinigten Großen Senate des BGH in Rechtsfragen oder gar das Bundesverfassungsgericht in Verfassungsfragen.

Politisch gewendet: Widersprüche im Gesetzlichen lassen in einem auf Gesetzesform getrimmten Gemeinwesen gleich starke Gruppen zu. Und das geht natürlich nicht. Eine ganz vernünftige Überlegung. Nur reagierten die Älteren auf diese Gefahr der Lähmung durch gleich starke Gruppen mit dem verfahrensmäßigen Mittel des Zwangsvergleichs, wir Heutigen bannen die Gefahr nicht weniger autoritär mit der gewaltbewehrten Sprachmacht der Ober- und Bundesgerichte.

Nicht Widerläufigkeiten auszutragen gilt es; es gilt, sie auszumerzen und dies, möglichst bevor es zu einer Polarisierung der Gruppen kommt.

Des näheren: Das Gesetz setzt eindeutige und abgeschlossene Regelung der Bereiche voraus, die es regelt. Dennoch bleibt an sozialen Brennpunkten vieles offen: etwa das Zeugnisverweigerungsrecht eines mit der Drogenszene vertrauten Sozialarbeiters oder der Anspruch mittelbar Streikbetroffener auf Arbeitslosengeld. Nehmen wir das letztere.

Beispiel: § 116 AFG

Der § 116 des Arbeitsförderungsgesetzes v. 25. 6. 1969, um den 1985/1986 ein Kampf tobte, zeigt beispielhaft auf, wie sozialpolitische Streitigkeiten gemäß dem Verbot der Gewaltanwendung durch nichtstaatliche Stellen zwangsläufig ins Gewand von Rechtsstreitigkeiten schlüpfen.

§ 116 Abs. 3 AFG schreibt vor, daß die Zahlung oder Nichtzahlung von Arbeitslosengeld das Ergebnis von Arbeitskämpfen nicht beeinflussen darf. Soweit die Norm.

Nun aber haben sich die bundesdeutschen Betriebe wirtschaftlich so verflochten, daß eine Produktionsunterbrechung an empfindlichen Stellen des vernetzten Systems das Ganze lahmlegen kann: Um die Lagerkosten zu senken, gingen die Unternehmer im ganzen Metallbereich auf direkte, pünktliche Lieferungen über. Fehlt es an ihnen, vor allem an pünktlichen Schlüsselprodukt-Lieferungen, kann ein ganzer Zweig erstarren. Punktstreiks bewirken auf Grund der enorm angewachsenen Verflochtenheit, was früher Massenstreiks bewirkten. Eine im Streikgebiet erhobene Forderung kann nach erfolgreicher Durchsetzung dann fürs ganze Tarifgebiet erhoben werden – und dies mit geringen Risiken und Kosten. Daher die Anordnung der Bundesanstalt für Arbeit von 1973, durch die Arbeitslosengeld den mittelbar von Streik Betroffenen verweigert wird, wenn in deren Tarifbereich »nach Art und Umfang gleiche Forderungen« wie im Streikgebiet gestellt wurden.

Dieses Identitätsgebot, das sich leicht unterlaufen läßt, sollte durch den Zusatz »annähernd gleiche Forderungen« erweitert werden, den der Regierungsentwurf vorsah, was wiederum die Rechtsklarheit getrübt hätte, statt sie herzustellen, und einer möglichen besseren höchstrichterlichen Entscheidung zuvorkommt.

Die Eile der Regierung signalisiert daher auch etwas ganz anderes, als vordergründig umkämpft ist, nämlich eine drohende Machtverschiebung von den Gewerkschaften hin zu den Unternehmern infolge der Massenarbeitslosigkeit und des Marktzwangs zur Steigerung der Ergiebigkeit der Arbeit um fast jeden Preis, will die Bundesrepublik Deutschland ihre Wettbewerbsposition halten.

Gegen die juristische Festschreibung dieser sich unter unseren Augen vollziehenden Machtverschiebung wenden sich verständlicherweise die Gewerkschaften. In dieser Lage bietet sich an, auf das Verfahrensmittel zurückzugreifen, das vor jeder streitigen Verhandlung nach Normen liegt: auf die Schlichtung, also auf ein frühestes Mittel der Konfliktbewältigung. Was also als Gesetzeslücke ausgegeben wird – eine mangelnde Ausformung des Neutralitätsgebotes der Bundesanstalt für Arbeit im Arbeitskampf – erweist sich beim näheren Hinsehen als Versuch, das momentan von den Parteien besetzte Gelände abzusichern, wohingegen die

Einsetzung eines Schlichters es bei der Offenheit der Grenzen beließ und damit der sozialen Auseinandersetzung eine Bahn öffnete, statt sie vor die Gerichte zu verlagern.

Das Arbeitsrecht eignet sich deswegen besonders gut als Lehrstück für die Entstehung von Gesetzen, durch die gesellschaftliche Kämpfe in Rechtsnormen umgegossen werden, weil die bundesdeutschen Nachkriegsregierungen angesichts der Macht der Kontrahenten sich nicht an die Regelung der Materie wagten, sondern sie weitestgehend den Gerichten überließen. Bleibt es bei der vor allem im Arbeitsrecht angebrachten Schlichtung, so wird darauf zu achten sein, daß die Voraussetzungen jeder Schlichtung, nämlich übergeordnete gemeinsame Interessen, auch gesetzlich nicht berührt werden.

Sollte dies indes geschehen, so wird vor und außergerichtlich mit Messern und Bandagen gefochten werden, weil mangels übergeordneten gleichgewichtigen Interesses jede Rücksicht entfällt, und es werden englische Verhältnisse einziehen. Abseits des Arbeitsrechts können wir der Auseinandersetzung um den § 116 Arbeitsförderungsgesetz entnehmen, daß jeder grundlegenden Norm soziale Kämpfe vorausgehen; besonders und gerade den Normen, denen man das kaum ansieht, so etwa den hochabstrakten des Warenverkehrsrechts.

Doch bleiben wir zunächst beim Verfahrensrecht, um uns noch das anzusehen, was als freiheitliches Grundgerüst des Prozesses gilt: die sogenannten Prozeßmaximen.

Prozeßmaximen

Im Unterschied zum alten Inquisitionsprozeß verhandeln unsere Gerichte öffentlich. Sie verkünden in jedem Falle ihre Entscheidungen öffentlich, wenn auch bei Gefahr der Bloßstellung der Betroffenen oder der Sicherheit der Bundesrepublik die Öffentlichkeit ausgeschlossen werden kann; §§ 169, 172, 173 Gerichtsverfassungsgesetz.

Der Gesetzgeber nimmt die Öffentlichkeit so ernst, daß, sollten die Vorschriften über die Öffentlichkeit verletzt sein, er das auf eine solch fehlerhafte Verhandlung ergehende Urteil in jedem Fall der Aufhebung unterwirft (absoluter Revisionsgrund; vgl. §§ 338 Ziffer 6 der Strafprozeßordnung i.d.F. v. 7. 1. 1975; 551, Ziffer 6 ZPO).

Die öffentliche Verhandlung ist grundsätzlich mündlich zu führen, schriftlich in Zivilsachen nur beim Vorliegen besonderer Umstände; § 128 Abs. 2 und 3 ZPO.

In der zivilrechtlichen Praxis beschränkt sich die Verhandlung oft auf das Verlesen von Anträgen aus den Schriftsätzen. Denn dank dem Verhandlungsgrundsatz, demgemäß die Parteien den Streitstoff selber beizubringen haben, und dank dem Schriftgebot der Klage und Klageerwiderung wird in aller Regel nach den Akten entschieden. Was nicht in ihnen steckt, liegt außerhalb der Welt: *Quod non est in actis, non est in mundo.*

Eine größere Bedeutung als im Zivilverfahren, in dem die Parteien den Streitstoff beibringen, hat das Gebot der Mündlichkeit in Prozessen, in denen der Richter die materielle Wahrheit von sich aus zu erforschen hat; anders gesagt, in Verfahren, welche dem Untersuchungsgrundsatz unterliegen, wie etwa im Strafverfahren. Denn anders als im bürgerlich-rechtlichen Prozeß muß in straf- und familienrechtlichen Angelegenheiten die »materielle Wahrheit« ermittelt werden, nicht nur die durch Rede und Widerrede hergestellte.

Die dritte Prozeßmaxime, die Unmittelbarkeit der Beweiserhebung, achtet naiverweise nur auf unterschiedliche Felder: das Feld der Normen und der Tatsachen, obgleich die Tatsachenfeststellung ebenso normativ verfährt wie die Normenanwendung. Und ist ein Beweis mythisch (durch Schwur) oder logisch (durch Ableitung) richtig erhoben, kommt es kaum mehr auf die Person des Richters an.

Am schwersten fällt auch unter rechtserzieherischem Aspekt die Öffentlichkeit ins Gewicht: In China wurden jüngst jugendliche Vergewaltiger öffentlich durch Genickschuß hingerichtet. Korrekt für ein Volk, das sich in seiner Vermehrung selbst bescheiden möchte und deswegen sich auch geschlechtlich diszipliniert. Ohne Öffentlichkeit des Verfahrens und der Vollstreckung wäre die Verurteilung pädagogisch sinnlos.

Öffentlichkeit des Verfahrens meint also: das Verfahren als sozialpädagogische Maßnahme und zugleich Selbstdarstellung der Gesellschaft.

Dies ist ein Aspekt der Öffentlichkeit, der im Westen etwa im Gegensatz zum Osten zu wenig betont wird. Die sowjetische Gesellschaftslehre zum Beispiel hebt die erzieherische Aufgabe des Rechts ebenso hervor wie die islamische. Wer in den konservativ islamischen Ländern mit abgehackter Hand auf Erden wandelt, hat gegen die Grundlage der islamischen Gesellschaften, den Handel und Austausch, verstoßen. Die Gesellschaft wehrt sich nach ihrem Selbstverständnis gegen solche Verbrecher.

Die Zurschaustellung, die Bühnenhaftigkeit des Rechts kennen wir nicht nur von Krimis und Gerichtsverhandlungen her, welche durch Grusel und Kitzel das Volk bewegen. Wir müssen sehen, daß die Logik, an der wir sozialpädagogische Maßnahmen messen, wie etwa dem Gebot der Widerspruchsfreiheit, selber eine sozialpädagogische Maßnahme war. Denn nach dem Zerfall des Mythos im alten Griechenland wollten die Analytiken des Aristoteles mit ihren 19 gültigen Schlußfiguren den Athenern Maße an die Hand geben, »gute« von »faulen« Schlüssen zu unterscheiden. Wie unser Prozeß Schritte auf Schritte vorschreibt, so auch das logische Schlußverfahren: Die faulen Redner sollten von guten Rednern daran unterschieden werden, ob ihre Sätze wenigstens folgerichtig waren. Mit der Verinnerlichung dieser aristotelischen Logik durch christliche Scholastik im Mittelalter wurde sie wesensmäßig durchs Dasein einer in sich logischen Substanz unterfüttert. Und dann in Physik und Jurisprudenz verweltlicht. Der griechische Redner auf der *agorá* kündete ebenso vom Selbstverständnis eines Volkes wie unser heutiges Rechtsverfahren.

Das hindert sicherlich nicht, daß gerade in der logischen Ausschließlichkeit Eigentore fallen; vgl. die Autonomie des lügendenden Kreters oder die Antimon der Bewegung bei Zenon. Um diese Widerläufigkeiten zu vermeiden stellt der Logiker Denkverbote auf; der Gesetzgeber Unanfechtbarkeiten.

Widerläufigkeiten im Prozeß

Eine geschiedene Ehefrau hatte gegen ihren unterhaltspflichtigen Mann einen Arrest erwirkt, das heißt eine Sicherung ihrer Unterhaltsansprüche; § 916 ZPO.

Auf den Einwand des Mannes, die Frau habe bereits einen vollstreckbaren Unterhaltsvergleich in Händen, wurde die Vollstreckung aus dem Arrest für unzulässig erklärt.

Dann aber stellte sich heraus, daß der Unterhaltsvergleich über die Höhe des Unterhalts nichts aussagt; aus dem Vergleich zu vollstrecken, war also nicht möglich.

Da die Frist für die sofortige Beschwerde gegen die Erklärung der Unzulässigkeit der Vollstreckung aus dem Arrest abgelaufen war, konnte sie überhaupt nicht mehr vollstrecken. Der Frau blieb nur noch die Schadensersatzklage gegen ihren Anwalt und das Land - hier war es das Land Hamburg.

Das sich in scharfen Fristen und Vollstreckbarkeiten übergenau gebende Prozeßrecht hatte sich hier selber ausgebootet.

Solche Widersprüche lassen sich aber auch im Strafprozeß aufweisen.

Das Oberlandesgericht Düsseldorf (Geschäftszeichen OW; 275/85-101/85 III) entschied im Februar 1986: Ein Fahrer, der ständig Läßlichkeiten wie Falschparken oder untersagte Fahrten in Anlieger- und Fußgänger-Zonen begeht, kann wegen solcher an sich nicht eintragungspflichtiger Verstöße über die Eintragungsgrenze hinaus, also jetzt DM 80,-, mit Buße belegt werden, so daß er in die Flensburger Verkehrssünderkartei einzutragen ist. Ist jemand dagegen wegen -zigmal schwerer Verstöße -zigmal eingetragen, sind aber die Registervermerke nach Fristablauf gelöscht, hat niemand davon Notiz zu nehmen. Einen ständigen Kleinsünder nähert das Gericht einem bejahrten Großsünder an. Wenn aber verfahrensrechtlich Häufung von Verstößen und Zeit den Ausschlag geben - wieso dann noch Unterscheidung nach der Schwere der Tat? Der formale Zeitablauf läßt den räumlich vorgestellten Schuldvorwurf schwinden.

Indessen: Denn wenn schon Vortaten im Bußgeldbescheid berücksichtigt werden, dann bitte die schwereren vor den leichteren, und nicht umgekehrt.

Es hilft nichts: Wir müssen mit Widersprüchen leben. Die *ratiocinatio,* die Lückenfüllung sowie die Widerspruchsbeseitigung liegen auf logischer Ebene. Anders dagegen Widerläufigkeiten im Tun, und dies gerade dank dem Prozeß.

Wir haben gesehen, daß der Prozeß erziehen will und erzieht. Er kann aber auch als Umweg benutzt werden, gesellschaftliche Defizite zu kitten.

Ich schildere im folgenden einen juristisch schiefgelaufenen Strafprozeß, der dennoch sozial sinnvoll war, und ich schildere anhand dieses Falles den Strafprozeß im allgemeinen.

Der Prozeß: Ein Ritual

Der Strafprozeß beginnt mit dem Aufruf der Sache und der Vernehmung des Angeklagten zur Person.

Danach wird der Angeklagte zur Sache vernommen. Dann folgt die Beweisaufnahme, an die sich die Schlußreden der Anklage, der Verteidigung und des Angeklagten, sofern er überhaupt etwas sagen will, schließen.

Das Verfahren endet mit der - stets geheimen - Beratung und der - stets öffentlichen - Urteilsverkündung.

Schon zu Beginn der Verhandlung zeichnet sich die unmerkliche Umschaffung der Lebens- und Sprachwelt des Angeklagten in die des Richters ab. Durchweg fragt der Vorsitzende dem Angeklagten aus den Akten seinen Lebenslauf ab, mit Betonung auf Schulabschluß und Stetigkeit der Ausbildung/Arbeit. Er sammelt Merkmale für die Höhe der Strafe, die Glaubwürdigkeit der Einlassungen des Angeklagten. Vor allem aber entwindet er dem Angeklagten in der Mehrzahl der Fälle die eigene Sprache, was wir näher zu beleuchten haben.

Bestraftwerden: Ein Klassenschicksal?

Etwa zwei Drittel aller Straftaten sind Diebstähle, und etwa vier Fünftel aller Verurteilten entstammen der »Hauptschicht«. Soziologen reden hier von der »Unterschicht« entsprechend ihrem späthellenischen Lichtkosmos, wonach ganz oben oder sonnennah Großunternehmer, Kanzler, Kardinäle, Generale sitzen, dann im mittleren Bereich, schon etwas sonnenferner und höllennäher, aber noch genügend sonnenbeschienen, mittlere Unternehmer, gut verdienende Angestellte, Professoren und Richter, Studienräte, Abteilungsleiter, Regierungsräte, Angehörige der freien Berufe.

Die Unterschicht bilden Arbeiter, wobei Facharbeiter schon zur unteren Mittelschicht zählen, kleine Angestellte, Aushilfskräfte aller Art, Arbeitslose und Sozialhilfeempfänger, bis hin zu dem, was Marx »Lumpenproletariat« nannte: Streuner, Huren, Säufer, Irre, kurz Abweichler - unter ihnen auch Verbrecher.

Obgleich nun die Wirtschafts- und Wohlstandskriminalität zunimmt, stellt die Hauptschicht - ich sage Hauptschicht analog zur

Hauptschule, der Schule der »Unterschicht« - die Mehrzahl der Verbrecher. Diese leben bekanntlich anders. Sie reden aber auch anders. Untersuchungen spracheigener Redeweisen ergeben je nach spezifischer Häufigkeit:

Hauptschicht	*Mittelschicht*
	auf Wortebene
Hauptwörter (Nomina), räumlich vorstellende Verhältniswörter (Präpositionen, wie vor, neben, zwischen);	Zeitwörter (Verben, oft Funktionsverben wie stattfinden), zeitlich abstufende Bindewörter (Konjunktionen wie obgleich, während, nachdem, bevor),
Hinweiswörter (Demonstrativa wie: der da, dieser, jener), deutsche Wörter oder Ausdrücke von Randgruppen, Jargon der Subkulturen, Mundart (Dialekt) und Rotwelsch (Soziolekt), Gaunersprache;	Beiwörter (Adjektive, Adverbien), Fremdwörter, wissenschaftliche Ausdrücke (Termini), seltene Wörter (Manierismus),
	auf Satzebene
Hauptsätze, Anreihungen von Sätzen und Satzteilen (Parataxe, von griechisch tatto = ich stelle und para = neben, nach, grammatisch falscher, funktional richtiger Satzbau, Aussagen mit Anrufen;	Nebensätze, Verschachtelungen von Sätzen und Satzteilen (Hypotaxe), grammatisch richtiger Satzbau, Aussagen mit Fragen;
	auf Bedeutungsebene
Anschaulichkeit, Lagebefangenheit, Handlungsschilderungen, Eingehen auf besondere Werkwörter (context of discovery; inventio; neuresis).	Unanschaulichkeit, Abstand zur Lage, Zustandserklärungen, Zugriff auf allgemeine Wertwörter (context of justification; demonstratio; pistis)

Erinnern wir uns daran, was wir über die Rechtsprache aussagten, dann sehen wir, daß die Sprache der Juristen nur die Sprache der Mittelschicht abwandelt. Die Sprache der Hauptschicht kommt allenfalls in Teilen des Sachverhalts vor (im Urteil heißt der Sachverhalt »Tatbestand«; wieso, weiß keiner, denn »Tatbestand« meint sonst die Norm, meint sonst das Gesamt der gesetzlichen Merkmale). Die Rechts- wie überhaupt jede Fachsprache oder Terminologie ist ganz der Sprache der Mittelschicht nachgebildet.

Der Fall: Einbruchdiebstahl

Ich bringe als Beleg für meine These einen Teil der wörtlichen Rede aus einem Strafprozeß, den ich mit einer Studentengruppe verfolgte.

Anwesend sind *V.*, der Vorsitzende Richter, *G.*, der Gutachter, *B.*, die Beisitzer und *A.*, der Angeklagte.

Pikant an diesem Fall war, daß der Angeklagte wegen Einbruchdiebstahls nach § 243 StGB verurteilt wurde, obgleich es ihm darum ging, in der kalten Nacht im Zollhaus, in das er einstieg, unterzukommen. Interessant ist auch die Sprachführung des Gutachters, die in allem der des Richters gleicht und die sich von der Sprach- und Erlebniswelt des Angeklagten deutlich abhebt:

V.: Nun erzählen Sie mal, wie das mit dem neuen Einbruch war.
A.: Ich hielt das da nicht mehr aus. Eines Tages bin ich einfach abgefahren nach S., ich wollte zum Sozialamt gehen. Das war am Freitag, nach 3 hat das Sozialamt aber zu. Da habe ich ein paar Bier getrunken und bin nach W. gefahren.
V.: Warum das?
A.: Weil ich W. kannte.
V.: Sind Sie direkt von S. nach W. gefahren?
A.: Nee, ein bißchen später.
V.: Sie haben angegeben, erst sind Sie bei der Polizei in F. gewesen, und dann sind Sie zur Kneipe gegangen.
A.: Was sollte ich machen, ich war völlig fertig.
V.: Das war ja aber wohl der schlechteste Weg.
A.: Was sollte ich machen. Das war ja schon nachts gewesen.
V.: Sie hätten ja zum Arzt gehen können. Die Ärzte haben auch sehr spät offen.

A.: Was soll ich denn beim Arzt. Da wäre ich schlecht dran gewesen.

V.: Sie hätten ja auch nach der Polizei zum Krankenhaus gehen können. Sie haben immer offen.

A.: Ich bin bei Dr. K. in H. gewesen. Da habe ich laufend Tabletten geschluckt. Das hat auch nichts genutzt.

V.: Wo haben Sie denn in W. Ihr Bier getrunken?

A.: Ich war in der Bahnhofsgaststätte. Nicht da, wo ich früher war, da habe ich 6 Glas Bier getrunken.

V.: Und dann sind Sie wieder zum Zollamt gegangen. Da haben Sie wie früher einen Stein in Ihr Taschentuch gewickelt, die Scheibe eingeschlagen und sind eingestiegen.

A.: Ich war fertig. Ich kam nicht mehr zurecht. Ich konnte draußen nicht mehr fertig werden. Ich war mit dem Leben total fertig.

V.: Sie hatten aber noch DM 140,– bei sich. Wieso sind Sie da eingebrochen?

A.: Ich konnte nicht mehr.

V.: Sie haben früher gesagt, wenn Sie was gefunden hätten, wären Sie abgehauen.

B.: War das so, daß Sie nur im Hintergrund den Gedanken hatten, zur Polizei zu gehen, wenn Sie nichts gefunden haben, aber in erster Linie was mitnehmen wollten, was Sie fanden?

A.: Mir war alles gleich. Ich konnte nicht draußen leben.

V.: Sie haben nichts gefunden und sind dann zur Polizei gegangen? Dann U-Haft im Landeskrankenhaus A., der Haftbefehl wurde aufgehoben und durch einen Unterbringungsbefehl ersetzt. Sie waren in A. unter Beobachtung und in psychiatrischer Behandlung. Herr G., wie lange ist Herr A. bei Ihnen?

G.: Wir haben ihn seit dem 9. 7. 1974 bei uns.

V. zu A: Wie fühlen Sie sich in A.?

A.: Da ist es freier, da arbeite ich in der Gärtnerei. Da wird mir wenigstens geholfen. Das ist besser als im Knast. Da wurde ich als Simulant behandelt.

V.: Na, na, wenn Sie ein Simulant gewesen wären, dann hätten Sie im Arrest gesessen. Hatten Sie, bevor Sie zum Zollamt gingen, Tabletten genommen?

A.: Ich nehme immer Tabletten. Jeden Morgen.

V.: Valium?

A.: Kein Valium. Dann sind Sie ganz weg.

V.: Es wurde eine Blutentnahme angeordnet um 0.20 Uhr. Das Gutachten ist bei den Akten. Das Ergebnis wird nach § 256 StPO verlesen. Was kam dabei heraus?

B.: Der Blutalkohol wurde nach verschiedenen Methoden gemessen. Nach Wittmack ergab sich 0,2 und nach der ADH-Methode 0,45 Promille.

V.: Haben Sie dazu noch was zu sagen?

A.: Nee.

V.: Der Verteidiger? Der Staatsanwalt? Das ist nicht der Fall. Dann darf ich den Herrn Sachverständigen um die Erstattung seines Gutachtens bitten.

G.: Meine Herren Richter! Vom 8. 5.–24. 6. und seit dem 9. 7. haben wir Herrn A. Es ist nicht das erste Mal, daß Herr A. unter psychiatrischer Betreuung und Beobachtung steht. Er selber hat schon angegeben, daß er bei meinem Kollegen K. in H. in Behandlung war. Herr K. hatte damals eine vegetative Stigmatisierung und affektive Labilität beim Angeklagten festgestellt. Wir haben Herrn A. in verschiedener Weise beobachtet. Unter anderem haben wir ein Elektrozyklogramm aufgenommen. Entgegen früheren Befunden konnten wir diesmal eine Zwangssymptomatik feststellen. Es hat sich also im Krankenbild etwas geändert. Herr A. war bis zum 16. Lebensjahr Bettnässer. Nach dem, was wir aus seiner Vorgeschichte wissen, vermuten wir eine Störung aus dem epileptischen Formenkreis. Trotz vieler Bemühungen haben wir über die Hirnhautentzündung, die Herr A. in Ostberlin erlitt, nichts Näheres erfahren können. Wir hatten trotz vieler Bemühungen erhebliche Schwierigkeiten mit den DDR-Behörden. Doch hat sich auch einiges im Krankenbild gebessert. Herr A. hat zum Beispiel kein Augenzittern mehr, und das Hirnstrombild ist gegenüber damals unverändert. Allem voran muß ich folgendes bemerken: Herr A. ist hochlabil; Angst, Schwindelgefühle, Beklemmungen ziehen sich wie ein roter Faden durch sein Gefühlsleben. Herr A. hat eine Rückgratverkrümmung, die aber für das psychiatrische Gesamtbild bedeutungslos zu sein scheint. Er klagt öfters über Brennen im After und Kribbeln in den Fingern und Gliedmaßen. Bemerkenswert ist auch der Zwang, an allem riechen zu müssen. Vor allem leidet Herr A. unter dem Zwang, ständig seine Hände waschen zu müssen. Die Handflächen sind schon ganz aufgerauht und aufgeschwemmt. In psychiatrischer Hinsicht ist also vieles nicht in Ordnung. Herr A. ist zwar ein Trinker, aber mehr ein Erlösungstrinker. Trunkenheit scheint jedenfalls nicht die Ursache seiner Erkrankung zu sein. Wir vermuten, daß die Krankheit auf ein äußerst negatives Schlüsselerlebnis zurückzuführen ist, nämlich auf den Selbstmord seiner Mutter. Der Angeklagte hatte sie so gefunden, wie sie sich erhängt hatte. Er hat sie dann gemeldet und ist mit diesem Erlebnis nicht fertiggeworden. Wie es weiter ging, war es äußerst ungünstig für ihn. Er wuchs bei überalterten Großeltern auf und hat sich da nie recht gefangen. Dann kam er in Jugendheime, und Sie wissen ja, wie Jugendheime sind, das hat ihm auch nicht weitergeholfen. Er hat von daher eine übergroße Tendenz zur Geborgenheit, und paradoxerweise hat er diese im Knast gefunden. Daher der Zwang, immer an derselben Stelle einzusteigen, um in den Knast zurückzukommen, um dort Ordnung zu finden, die er im Leben nicht fand. Das war sein einziger Ausweg. Herr A. hat zwar ein gutes Allgemeinwissen, aber seine Intelligenz muß man mit unterdurchschnittlich bezeichnen. Der Angeklagte ist außerstande, sein Leben abstrakt zu fassen und zu verallgemeinern. Er ist immer in seinem Erlebnis gefangen, und er ist nur an Anschauliches gebunden.

Strafen als Rollenbestätigung

A. ist ein typischer Straftäter aus der Hauptschicht. Er teilt auch die Bewertung der Hauptschicht durch die Mittelschicht. Die für seine Lebens- und Erfahrungswelt bezeichnende Ausrichtung an Sinnlichem, auch an Riechbarem, wird ihm als Mangel an Denkvermögen zugerechnet, dieser wieder als Unfähigkeit sich »abstrakt zu fassen und zu verallgemeinern«. Ebendies aber hat A. nicht gelernt. Er kennt sich in der mittelschichtlich bestimmten Welt der Normen nicht aus. Deswegen trifft ihn die Strafe im allgemeinen und die wegen schweren Diebstahls im besonderen auch nicht. Denn die setzt einen mittelschichtlichen Tätertyp voraus, der auf Strafe mit Reue und Zerknirschung reagiert, der also die Verinnerlichung oder Internalisierung erlernt hat.

Dennoch war das Einsperren sozial richtig. Das Gefängnis ersetzte dem A. die Familie, die ja inzwischen bei uns auf die Kleinfamilie eingeschrumpft ist und wegen Überlastung zunehmend verfällt: Die Zahl der Einpersonen-Haushalte steigt steil an und mit ihr proportional die Diebstahls- und Raub-Kriminalität.

Im England des 18. Jahrhunderts wie in der Stalinschen Sowjetunion wurde der Arbeiter an seinen Betrieb und entfremdende Arbeit gebunden. Strafprozessual wurden Säumnis und Herumschweifen geahndet. Der Produktivismus als Zweck der Wirtschaft, das Wachstum, forderte eine ganz andere Gesinnung als die Erhaltwirtschaft des Mittelalters, und wenn nicht alles trügt, strebt die Menschheit einer Subsistenzwirtschaft zu, allerdings auf hohem Niveau, so daß wieder Glück und Genußfähigkeit aufkommen können. In einem solchen Klima wäre unser A. nicht gestrandet, selbst bei seinem persönlichen Schicksal nicht. Das Gemeinwesen bestraft überwiegend seine erwünschten Opfer, und es bestraft sie öffentlich.

Es stellt sich an ihnen dar. Erst in dem Maße, in dem eine gesetzlich aufgezwungene Lebensform selbstverständlich wird, schwindet die Verbrechensquote, und so wie sich das Strafrecht lockert, so humanisiert es sich auch.

Westdeutschland ging und geht mit seiner Lockerung etwa des Strafvollzugs gute Wege: Von der Angestrengtheit bundesdeutscher Lebensform zeugt indessen, daß die Verbrechensquote mit ca. 7% der Bevölkerung zehnmal so hoch liegt wie in China.

2. Strafen

Strafen rührt von alters her. Betrachten wir das Strafen als eine Form der Mitteilung, so können wir sagen: Im Verbrecher stellt sich eine Kultur dar.

Am besten nähern wir uns dem Strafen, wenn wir seine Weisen erörtern: Geld- und Freiheitsstrafe.

Lange vor dem bürgerlichen Verkehr wurde der Mensch verallgemeinert, etwa im Wergeld der Franken. Man zahlte je nach Stand und Geschlecht den Schilling; Schilling von *skillan,* ich erschlug (englisch: I killed). Ein Opfer wurde *ent*golten. Heute wird *ver*golten. Von allen Rechtfertigungen des Strafens werden wir nach deren Durchsicht nur eine anerkennen können: die Vergeltung.

Unser Strafen ist so abstrakt wie unsere Kultur überhaupt. Wir zu Subjekten und Rollenträgern verallgemeinerten Menschen strafen auch verallgemeinert. Zwar würde etwa eine öffentliche Auspeitschung von »Staatsgaunern« sinnlicher sein. Abhalten von Großbestechung würde dies aber die Großbetrüger so wenig, wie Mörder durch die Todesstrafe abgehalten werden.

Resignierend nehmen wir zur Kenntnis, daß es beim abstrakten Strafen bleibt. Abgehoben und unsinnlich wie das Strafen selber und ähnlich einfallslos sind auch dessen gesetzlich festgeschriebenen Begründungen.

Wieso strafen wir?

Es bestimmt § 46 Abs. 1 des Strafgesetzbuches v. 15. 5. 1871 in der Fassung der Bekanntmachung vom 2. 1. 1975 nach den Strafrechtsänderungsgesetzen der 70er Jahre: »Die Schuld des Täters ist Grundlage für die Zumessung der Strafe. Die Wirkungen, die von der Strafe für das künftige Leben des Täters in der Gesellschaft zu erwarten sind, sind zu berücksichtigen.«

Der heranreifende Klient.

Schuld und Abschreckung

Schuld begründet Strafe. Schuld setzt Verantwortlichkeit voraus. Verantwortlichkeit knüpfen wir an Vernunft, das heißt Handeln nach Gründen oder Zwecken, die anderen einsichtig, weil verallgemeinerbar sind. Der Königsberger Philosoph Immanuel Kant befahl: Handle verallgemeinerbar nach *Gründen* (kategorischer Imperativ in Kurzform). Der fähigste US-Denker, Charles Sanders Peirce, befahl: Handle verallgemeinerbar nach *Zwecken* (pragmatischer Imperativ).

Selbstredend wird der Mensch durch diese Gebote überfordert: Viele der US-Zivilisation Anhängende sind vielfach pragmatische Lebensleichen. Begründungen von Werten lassen sich eben nicht begründen. Der Versuch, Unsinnliches noch unsinnlicher zu rechtfertigen, scheiterte ringsum.

Wo Missetat, da Schuld. Nichts geschieht ohne Grund, *nihil fit sine ratione,* und Urheber von Handlungen und Unterlassungen - man kann wegen Unterlassens bestraft werden, § 13 StGB - ist der Mensch. Dieser ist Grund - und Zweckträger, ein Subjekt, aber objektgerichtet. So unsere im StGB festgeschriebene Grundüberzeugung oder Basisdoktrin, ohne die wir nicht zum Schuldvorwurf kämen.

Grund und Zweck, Anlaß und Ziel

Schuld begreift sich sowenig wie Abschreckung, die als Mittel zum Zweck der Erziehung zu einer straffreien Lebensführung dienen soll. Davon zeugt allein die Rückfallziffer: Zwei Drittel der Bestraften werden rückfällig, obgleich wir Deutschen - gemessen am europäischen Standard - noch einen der humansten Strafvollzüge kennen.

Strafe läßt sich nur als Teil eines sozialen Prozesses rechtfertigen, als Anlaß und Ziel, nicht als Grund und Zweck. Dies zu erläutern, hole ich etwas aus, weil die Vergeistigung, Abstrahierung, Intellektualisierung nicht nur des Strafens, sondern anderer Lebensformen und Selbstdarstellungen uns um unsere sinnliche Grundlage bringt:

Nehmen wir das Verbrechen nur zum Anlaß des Strafens, die Strafe aber als Ziel, so kommen wir, kriegerisch wie wir oft genug sind, auf den Kriegslehrer von Clausewitz zurück, den Lenin so sehr bewunderte. Von Clausewitz unterschied zwischen Strategie = Zweckerfüllung und Taktik = Zielerreichung. Das Ziel wird in einer Handlung erreicht, der Zweck mit einer Handlung; dem Zweck gegenüber ist die Handlung Mittel, dem Ziel entsprechend Handlungsteil.

Das Beispiel Krieg: Im Gefecht wird der Gegner wehrlos gemacht, durch Tötung, Gefangennahme, in die Flucht jagen. Dies sind Teile der Kriegshandlung. Zweck des Kriegs dagegen mag sein: Eroberung zur Marktbeherrschung.

Dieses Kriegsbeispiel können wir auf die Wirtschaft übertragen, den sinnbildlichen Krieg der Wettbewerber unter sich, der, so die liberale Lehre, den Wohlstand fördert. Der Betrieb erzielt eine gewisse Losgröße an Waren und Dienstleistungen je Stunde. Diese Produktivität, das Hervorbringen von Gütern, kann Zwecken wie Versorgung oder Gewinn dienen. Anzusehen ist der Zweck dem Ziel nicht. Versorgungsbetriebe unterscheiden sich im Inneren nicht von Erwerbsbetrieben - so unser Verständnis. Große Konzerne ähneln in den mittleren bis höchsten Etagen eher einem Kabinett, einer Behörde, als einem Betrieb. Sie verwalten überwiegend sich selber - so unsere Beobachtung.

Fazit: An sich gehört redlicherweise in § 46 StGB nur der Satz: Die Straftat wird vergolten.

Vergolten heißt: Die Gesellschaft ist verletzt, meint: der Preis wird gezahlt. Die verletzte Gesellschaft stellt sich in der Vergeltung negativ im Verbrecher dar. Sie bedeutet ihm und sich: So nicht. Vergehen und Verbrechen kommen überall vor, daher auch Strafe. Grund und Zweck des Strafens aber, Schuld und Abschrekkung, sind abartig, wie auch Rache und Sühne, *verguenza, vendetta.*

Im Talionsprinzip: Auge um Auge, Zahn um Zahn stellt sich eine rachsüchtige Gemeinde dar. Aber - Strafen ist auch eine Möglichkeit menschlicher Mitteilung. Jede Mitteilung unterrichtet (informiert), weist an (kommandiert) und stellt sich dar (exponiert). Im Strafen überwiegt das Sichdarstellen und das Eindruckmachen (exponieren/imponieren).

Vergeltung und Selbstdarstellung

Wurden noch die Anführer der Täufer zu Münster mit glühenden Zangen unter dem andächtigen Entsetzen der Menge, vor allem der Kleriker, zu Tode gezwackt, so ist das öffentliche gruselige Schauder auslösende Strafen in westlichen Vollzugsanstalten der Heimlichkeit gewichen. Reue ist gefragt, nicht Scham. Das *Gewissen* peinigt einen zu Tode, nicht die *Gemeinde*. Anders läßt sich die erstaunliche Kluft zwischen der Öffentlichkeit des Strafverfahrens und der Heimlichkeit des Vollzugs nicht deuten.

Im Mittelalter wurde ein mehrerer Verbrechen Überführter wegen jeder Missetat mit der vollen Strafe bestraft, ohne daß etwa wie heute bei Tatmehrheit aus den verwirkten Einzelstrafen eine Gesamtstrafe gebildet wird; § 53 StGB. So wurde im Jahre 1500 in der sittenstrengen Schweiz ein Mann wegen Kirchenraubs, Mordbrands und Notzucht dreifach hingerichtet: Es wurde ihm mit glühenden Zangen das Fleisch vom Leibe gerissen, dann wurden ihm Arme und Beine zerhauen, und er wurde aufs Rad geflochten. Nicht genug damit: Er wurde am Galgen gehenkt, und die ganze Richtstätte wurde angezündet. Die Strafen waren so hart, daß sie mitunter sogar Henker und Zuschauer abstießen, so als 1497 eine Frau wegen schweren Diebstahls in Nürnberg lebendig begraben wurde und sich derart wehrte, daß sie an Händen und Füßen gehäutet wurde. Daraufhin milderte der Rat das Eingraben bei lebendigem Leibe durch Ertränken ab.

Hingerichtet wurden die Verurteilten entsprechend dem Verständnis des Strafens damals öffentlich. Noch 1841 nahmen in Breslau 15000 Zuschauer an einer öffentlichen Exekution teil. Erst in dem Maße, in welchem Strafe als Abgeltung persönlicher Schuld verstanden wurde, schwand die Öffentlichkeit der Hinrichtung.

Selbstbestätigung

Heute bringt das Fernsehen und bringen Filme einen neuen Brutalisierungsschub. Ein durchschnittliches US-Kind erlebt bis zum 16. Lebensjahr 18000 Totschläge auf dem Bildschirm. Mord und Totschlag in Ghettos und unter Banden gelten ohnehin als normal. Die Selbstdarstellung der bürgerlichen Gesellschaft am

Straftäter, die sich in der Abstraktheit des Strafens sowie in der Selbsteinschränkung vor allem bei Verhängung der Todesstrafe niederschlug, weicht zunehmend einer kleinbürgerlichen Medien- und Massenkultur.

Aber ein Staat, der Missetaten roh bestraft, lehrt nicht so sehr Sicherheit durch Bestrafung, denn die läßt ja sehr zu wünschen übrig: Beim Diebstahl liegt sie bei etwa einem Drittel der gemeldeten Fälle, bei Mord liegt die Aufklärungsquote bei über 90%. Doch auf rund 10000 Diebstähle kommt 1 Mord. Vielmehr lehrt rohe Bestrafung die Roheit schlechthin.

So denken wir heute mit Schrecken an die Urteile des 1934 gebildeten Volksgerichtshofs zurück, der von 1937–1944 nur zwei Geldstrafen verhängte, dafür aber ab 1942 in zunehmender Anzahl Todesurteile. Wurde 1934-1936 23mal auf Todesstrafe erkannt, so 1942: 1192mal, 1943 1662mal und 1944 2097mal. Die Vollstreckung folgte meist sofort. So wurden die am 8. 8. 1944 verurteilten Widerstandskämpfer, die auf Goebbels' Anweisung in schäbigem Aufzug vor Freisler und seinen Spießgesellen erschienen und zur Abschreckung der Massen gefilmt wurden, am selben Tage gemäß der Weisung Hitlers »Sie sollen gehängt werden wie Schlachtvieh« an Fleischerhaken aufgehängt.

Die Nutznießer? Hitler und seine Hintermänner. Können wir aber auch heute noch behaupten, daß einige Kreise der Bevölkerung mehr von unserem Strafrecht und der Straf- und Vollzugspraxis profitierten als andere? Ich meine schon. Dazu schauen wir uns schwerpunktmäßig die Eigentums- und Vermögensdelikte an.

Straftaten gegen Vermögen und Eigentum

Betrug

Wir wenden uns dem Betrug zu, dem Lieblingsverbrechen der Ober- und Mittelschicht - die plumpen Scheckbetrüge der Unterschicht einmal ausgenommen. Der Betrug, lateinisch *fraus,* deutsch Schurkerei, Halunkentum, Ganoverei und ähnliches, war jahrtausendelang unscharf. Man wußte nur: Bereicherung durch Lügen. Bereicherung nun ist marktüblich, Lügen auch, aber bitteschön: getrennt. Lügen strafen wir sowenig wie Bereicherung. Den Betrugstatbestand faßte erstmalig einer der genialen bayerisch-ungarischen Liszts' im Bayerischen Strafgesetzbuch in die Form, die wir heute noch kennen.

§ 263 StGB meint:

Täuschungshandlung seitens des Betrügers;

Irrtumserregung auf seiten des Betrogenen;

Vermögensverfügung zuungunsten des Betrogenen oder eines Dritten durch den Betrogenen;

Vermögensschaden auf der betrogenen Seite;

Bereicherungsabsicht auf der Betrügerseite.

Diese Tatbestandsmerkmale des § 263 StGB weise der Richter einmal dem Betrüger nach. Sie sind alle innerlich: Vermögen ist keine Sache, sondern das Gesamt an Eigentümer- und Schuldrechten und -pflichten. Also unsinnlich. Irrtum, Täuschung = Lüge auch. Der Schaden ist kaum meßbar und die Absicht noch abgehobener als der Vorsatz.

Vorsatz heißt nur Wissen und Wollen sämtlicher Tatbestandsmerkmale. Absicht heißt: sie nutzen für einen Zweck, im Betrug die Bereicherung. Absicht ist also die überschießende Innenneigung, die alle Merkmale zusammenfaßt. Soweit die scharfe Definition. Aber das weise wer einem Betrüger nach!

Eine supersaubere Begriffsbestimmung geht ungeachtet möglicher Beweislagen ihre eigenen Wege, und der Betrüger, der durchschnittlich hochoben anzusiedeln ist, auch. Das Betrugsumfeld - Steuerhinterziehung, Subventionsschwindel etwa - kostet uns soviel wie die ganze Bundeswehr: 60 Milliarden Deutsche Mark pro Jahr, wobei, was Dunkelziffern angeht, wir nur auf Schätzungen angewiesen sind.

Diebstahl

Ganz anders als der Betrug ist der Diebstahl geraten, § 242 StGB. Er hat nur drei Tatbestandsmerkmale, davon einen, das Wegnehmen, sinnlicher Art. § 242 StGB lautet:

»Wer einem anderen eine fremde bewegliche Sache in der Absicht wegnimmt, sich dieselbe rechtswidrig zuzueignen, wird wegen Diebstahls mit Freiheitsstrafe bis zu 5 Jahren oder mit Geldstrafe bestraft.«

Wegnehmen heißt: Bruch fremden und Begründung eigenen Gewahrsams. Gewahrsam ist das tatsächliche Herrschaftsverhältnis über eine Sache, getragen von einem Herrschaftswillen. Er gleicht ungefähr dem Besitz des bürgerlichen Rechts, geht aber weiter.

Wegnehmen verweist auf die Geste des Klauens und Einsteckens. Die Heimlichkeit kennt das jetzige deutsche Recht nicht. Heimlichkeit verschärfte seinerzeit die Strafe. Noch heute hat im russischen Sprachgebrauch *kraža* = Diebstahl die Bedeutung des Heimlichen.

Offener Raub dagegen, das heißt Wegnehmen mit Gewalt oder unmittelbarer Drohung für Leib und Leben, wurde seinerzeit milder bestraft, heute härter. Durch die Heimlichkeit fühlte sich die auf Vertrauen angewiesene Gemeinde hintergangen. Ehrlichkeit war Öffentlichkeit. Diese Unterscheidung (heimlich/offen) trägt heute noch die Abgrenzung zwischen Totschlag und Mord. Mord ist Totschlag, aber unter erschwerenden Merkmalen, wie Heimtücke, Grausamkeit, Totschlag zur Verdeckung einer Straftat und anderen niedrigen Beweggründen. Niederträchtig meint hier nicht nur, aber auch: Unüberwachtheit durch die Gemeinde; vgl. §§ 212, 211 StGB.

Soviel zum Wegnehmen, offenen oder heimlichen Klauen, dem Lieblingsdelikt unseres Volkes, das quer durch alle Schichten geht, meist aber »unten« angesiedelt ist.

Was nun die fremde bewegliche Sache betrifft: Man kann keine Grundstücke stehlen, Schiffe schon. Und keine Rechte wegnehmen, aber Geld.

Zueignungsabsicht: Setzt sich wer in einem Wirtshaus einen fremden Hut auf, der so aussieht wie seiner, und meint er, das sei der seine, nimmt er eine fremde bewegliche Sache weg, aber ohne Zueignungsabsicht. Nimmt jemand im Laden einen Bierkasten mit, den er im Einkaufswagen unten hinstellt, liest an der Kasse den SPIEGEL oder die ZEIT, bezahlt er das, was auf dem Einkaufswagen oben draufsteht, und wird er ertappt beim Bierkasten, fehlt es ihm wohl an der Zueignungsabsicht. Ein geübter Entwender stiehlt also vielleicht aus Zerstreuung, aber ohne Zueignungsabsicht.

Kriminalstatistisch machen Diebstahlsdelikte zwei Drittel aller Straftaten aus. Schichtenspezifisch verteilt, sind wie bei allen Delikten Hauptschichtler auch überdurchschnittlich beim Diebstahl beteiligt. Vor allem aber beim Diebstahl mit Gewalt: dem Raub.

Diebstahl und Betrug

§ 249 StGB bestimmt den Raub als Diebstahl mit Gewalt oder Androhung unmittelbarer Gefahr für Leib und Leben. Räuber/ Diebe nehmen weg. Erpresser/Betrüger lassen sich geben.

Räuber üben Gewalt gegen Personen und Sachen aus; Erpresser/Betrüger Macht; Verfügungsmacht über Personen und Sachen. Der Bürger hat Macht, der Arbeiter Gewalt; der Bürger Eigentum, der Arbeiter Besitz, vgl. §§ 242, 249, 253 StGB, was natürlich nicht ausschließt, daß wir Betrüger unter einfachen Leuten antreffen und Räuber in den sogenannten besseren Kreisen. Eine Mitteilung wert dünkt uns allemal, wenn zum Beispiel ein ehemaliger hoher F.D.P.-Funktionär wegen Raubes in Baden-Baden verurteilt wird oder andererseits ein kleiner Mann, ein falscher Dr. Dr. in Flensburg oder Hamm, der sich die Amtsarzt- oder Kämmererstelle erschlichen hat, wegen Betruges.

Gaunern dagegen Manager, stehlen Arbeiter, so dünkt uns das meist keine Meldung wert, erweisen sie sich doch als besonders tüchtig.

Besonders raffinierte Großbetrüger unter Konzernherren oder auch Bankern finden eher unsere Anerkennung, halten sie sich doch nicht in kleinen Summen auf. Und besonders geschickte Einbruchsdiebe zeugen von ihrem handwerklichen Talent und zählen denn auch im Gefängnis zu den Angesehensten aller Sparten.

Betrug ist das einzige Delikt, bei dem der Bevölkerungsanteil schichtenmäßig so hoch liegt wie der von der Polizei als Betrüger definierte Anteil an den Gesamtverdächtigen:

Oberschicht und obere Mittelschicht, die ca. 6% der bundesdeutschen Bevölkerung ausmachen, werden auch zu 6% von allen Betrugsverdächtigen als Betrüger verdächtigt, als Diebe zu weniger als 1%. Die untere Unterschicht, also die Leute, die Marx zum »Lumpenproletariat« zählt und die ca. 16% der Bevölkerung ausmachen, stellt zwei Drittel der des Diebstahls Verdächtigten.

Sie stellen auch zwei Drittel der Vorbestraften und erneut Verdächtigten (Schichtangaben hier nach dem sogenannten Scheuch-Index, der nach den Merkmalen: Vermögen/Einkommen; Bildung/Ausbildung; Herkommen; Sozialprestige; Lebensführung/ Wohnung vorgeht).

Normaldeutigkeit der Ahnder

Versuchen wir, die von der Polizei überhaupt einer Straftat Verdächtigten nach Berufen zu erfassen, so erhalten wir ein ähnliches Bild: 69% von ihnen sind Arbeiter, obgleich deren Anteil an der Bevölkerung nur ca. halb so groß ist; 24% sind Angestellte, die ca. 50% der Gesamtbevölkerung stellen; die Beamten machen knapp 1% der Verdächtigten aus, die Selbständigen 6%, und hier überrepräsentiert in Verbrechen, die um Vermögensdelikte wie Betrug und Erpressung kreisen. Dementsprechend weisen Dieb und Hilfsarbeiter ähnliche Zuordnungen auf wie leitende Angestellte und Großgauner.

Diese gelten als ausgeglichen, sicher, beharrlich, ruhig, gezielt, beherrscht, gesund, rational, stark und beweglich; die Diebe/Arbeiter in allem das Gegenteil - so jedenfalls in der Sicht nordrheinwestfälischer Richter, die im Bund noch zu den offensten und freiheitlichsten zählen dürfen. (Dorothee Peters: Richter im Dienst der Macht, Stuttgart 1973):

In der richterlichen Normaldeutigkeit überwiegt wie bei der Polizei das Merkmal Arbeitsverhalten, nicht die wirtschaftliche oder seelische Lage. Polizei und Gerichte kontrollieren hintereinandergeschaltet die Dazugehörigkeit zum bürgerlichen Kosmos. Leute, die der sozialen Hauptschicht angehören und straffällig werden, gelten als neidisch, vergnügungssüchtig, geltungssüchtig, bequem, als »Kreis, der alles begehrt und nichts schafft«, der »an Geld kommen will, ohne zu arbeiten«.

Die soziale Stellung wird dann auch charakterlich abgespiegelt, wirtschaftliche Schwäche als asoziales Milieu verdinglicht. Ihr werden Gewalttätigkeit und Brutalität zugeschrieben, Unterbedarftheit, Unterbegabung. Diese Leute haben »keine Hemmungsklappe wie wir anderen«. Politische Beweggründe werden strikt verneint. Gegen die Gesellschaft wollte kaum einer der Täter angehen. Es sind in aller Regel ganz gewöhnliche Kriminelle, deren Normverletzung von ihrem Schwachsinn zeugt. Denn die Norm gilt absolut.

Untypische Straftäter

Interessant wird die Umdeutung, sobald es Richter und Polizisten mit Mittelschichtlern zu tun haben. Begeht etwa eine Mittelschichtlerin einen Ladendiebstahl, so wird der auf außergewöhnliche Umstände, wie etwa Klimakterium, Wetterumsturz, häuslichen Ärger oder Verkehrsunfall zurückgeführt. Die Tat war dann dem Täter/der Täterin »selber unerklärlich«, zumal »er sie gar nicht nötig hatte«. Anders gesagt:

Nur Armut gilt als ernstes Verbrechensmotiv. Deswegen wird die Verletzung von Eigentum und Vermögen auch ganz überwiegend dort geahndet, wo sie angebracht ist: bei den ungebildeten Armen.

Bei Mittelschichtlern wird auf jeden Fall, etwa durch Herbeiziehung von Gutachtern, die Lage problematisiert. Weil die Chance der Mittelschichtler, selbst wenn von der Polizei verdächtigt, letztlich vor Gericht dennoch freizukommen, sehr viel höher ist als die der Hauptschichtler, zeigen auch Polizisten, die durch erfolgreiche Anzeigen in ihrer Karriere vorankommen wollen, oft eher eine Neigung, Hauptschichtler zu verdächtigen als Mittelschichtler.

Was für die Verdächtigung gilt, gilt auch für die Bestrafung. Gemäß der Mißleitung durch § 46 StGB aufs mittelschichtlich idealisierte Menschenbild eines rational-funktionalen Zivilisationstierchens »setze ich« - so ein Richter, beim einfachen Mann »die Strafe etwas höher an - Holzhammer sozusagen - als bei dem, der sensibler ist«.

Und ob jemand einfühlsam ist, zeigt sich im Prozeß, in dem seelische Beeindruckung nicht nur erlitten, sondern auch dargestellt werden will. Und das kann der Mittelschichtler allemal besser als der Hauptschichtler. Denn der hat, weil kein Geld und kein Vermögen, auch nicht die rechte Einstellung zum Vermögen und zum Geld. Zwar müssen wir einräumen, daß zuweilen Angehörige oberer Schichten härter bestraft werden als Angehörige unterer, weil sie Vorbilder zu sein haben und sich nicht auf das Niveau unterer Schichten begeben dürfen. Dies aber nur da, wo die Oberschicht einen offenbaren Missetäter vorher fallengelassen hat.

Wirtschaftsverbrechen

Wenden wir nun den Blick von den Normalfällen der Strafgerichte, den Dieben und Kleinbetrügern, auf die »Kriminalität der Mächtigen«, dem »Economic Crime« oder »Upperworld Crime«.

Was Wirtschaftsverbrechen umfaßt, zählt § 74c des Gerichtsverfassungsgesetzes auf: Verstöße gegen Strafvorschriften der Handels- und Versicherungsgesetze; der Außenwirtschafts-, Steuer-, Zoll- und Devisengesetze, der Lebensmittelgesetze; dann weiter Betrug, Bestechung, Hehlerei, Wucher, Untreue, Unterschlagung »soweit zur Beurteilung des Falles besondere Kenntnisse des Wirtschaftslebens erforderlich sind«; § 74c Abs. 1, Ziffern 1-6 GVG.

Gemäß dieser Vorschrift haben die Landesregierungen Wirtschaftsstrafkammern an einem Landgericht gebildet, die für mehrere Landgerichtsbezirke zuständig sind. Das bedeutet schon, daß Bagatell-Wirtschaftsstraftaten, die in die Zuständigkeit der Amtsgerichte fallen, gar nicht eigens behandelt werden.

Bestechung

Greifen wir uns auch in Anbetracht auf den Flick- und den Berliner Skandal die Korruption heraus. Sie wird im Gesetz gegen den unlauteren Wettbewerb vom 7. 6. 1909 (UWG) im § 12 geregelt und im StGB in den §§ 331–334. Im Handelsbereich wird bestraft, wer wettbewerbswidrig durch Vorteilsgewährung einen Unternehmensbevollmächtigten veranlaßt, sich oder einen Dritten bei vom Unternehmen zu vergebenden Aufträgen in unlauterer Weise zu bevorzugen. Spiegelbildlich wird auch der Angestellte bestraft, der von einem Dritten einen Vorteil für unlautere Auftragsvergabe fordert.

Dementsprechend stellen §§ 331 und 332 den öffentlich Bediensteten unter Strafe, der sich bestechen läßt, und zwar § 331 für eine nicht pflichtwidrige Diensthandlung (Vorteilsannahme) und § 332 für eine pflichtwidrige (Bestechlichkeit).

Spiegelbildlich wird auch jeder bestraft, der einem Amtsträger einen Vorteil für eine Diensthandlung gewährt (Vorteilsgewährung) oder ihn zu einer Pflichtwidrigkeit durch Vorteilsgewährung verleitet (Bestechung). Da die Korruption ähnlich schwer nachzuweisen ist wie der Betrug, tut sich die Anklage schwer, dem

Angeklagten die Straftat nachzuweisen; man vergleiche nur das Verfahren gegen Graf Lambsdorff, v. Brauchitsch und Co.

Bestecher und Bestochene können guten Mutes sein, selbst wenn sie vor Gericht stehen. Eine Untersuchung (Karlhans Liebl: Sozialwissenschaftliche Erklärungsansätze der Wirtschaftskriminalität am Beispiel der Korruption, Papier zum Helsinki-Kongreß 1983) ergibt: 80 Prozent der Korruptionsfälle wurden schon durch die besonders gut trainierten Schwerpunktstaatsanwaltschaften zur Bekämpfung der Wirtschaftskriminalität bearbeitet, aber nur bei 20 Prozent der Beschuldigten kam es zur Anklage.

Die Einstellungen und Freisprüche eingerechnet, hat also der Bestecher/Bestochene beste Chancen, ungeschoren davonzukommen.

Chancen der Korruption

Als Erklärung für diesen unleugbaren Sachverhalt dient vor allem die Lehre von der Entfremdung. Galt im Volksrecht das Urteil kraft der sich stets erneuernden Beifälligkeit der Rechtsgemeinde, so legitimiert sich das abstrakte Gesetz theoretisch durch einen fiktiven Willensakt und durch fiktive Rechtsanwendung. Indessen: Einer Bürokratie, die sich durch eine neutralisierende und fühllose Sprache unangreifbar stellt und die für sich ihr Handeln von dessen Konsequenzen abtrennt, kann ja nichts passieren, sofern der Verweisungszusammenhang aufs Gemeinwohl oder auf überwiegende Belange der Öffentlichkeit oder Sicherheit gewahrt bleibt.

Und wo sollte dieser nicht herzustellen sein, da doch Korruption in einer Nutzen-Kosten-Analyse, also auf der Ebene der Rechtfertigung, sogar den Wohlstand steigern kann, etwa wenn Geschenke an auftragsmächtige Positionsinhaber zu Aufträgen an deutsche oder Regionalbetriebe führen?

So wird behauptet, daß Korruption auf höchster Ebene gesamtgesellschaftlich mehr Gewinn einbringt, als sie im Einzelfall die Gesellschaft kostet. Dementsprechend haben viele Bestechende den Eindruck, daß Bestechung nur Handelsüblichkeit fortsetze. Und wie wir hinzufügen dürfen, Betrug auch Politik, etwa wenn wir an die vielen uneingehaltenen Wahlversprechen denken, durch die Stimmen ertrogen wurden. Insofern hat der F.D.P.-Mann, der raubte, statt zu bestechen und zu betrügen, das Ziel seiner Klasse verfehlt. Er mußte hart bestraft werden, und er wurde hart bestraft. Die Konsequenz für Staatsanwaltschaft und Polizei lautet denn auch: Beruflich kann ich mit der Verfolgung Höhergestellter nicht vorankommen. Denn

a) schon bei der Verfolgung wird's brenzlig;
b) die Bearbeitung ist mühsam;
c) ich verliere mich in Finten und Einzelheiten, statt daß ich in einer anständigen Vergewaltigung oder einem glatten Raub Punkte sammle;
d) meine Erfolgsbilanz ist schlecht, und ich gelte höherenorts als Störenfried.

Umgekehrt wird ein Schuh daraus: Wer im enormen Machtgefälle der Bundesrepublik höher steht als der Durchschnitt, wer also dementsprechend mehr Chancen vor Gericht hat, sollte, wenn überführt, dem Machtgefälle entsprechend härter bestraft werden als der Durchschnitt.

Kehren wir also zu unserer Einsicht zurück: In der Bestrafung stellt sich eine Gesellschaft ausdrücklich oder sinnbildlich dar. Und ziehen wir weiter die Konsequenz, daß die Gesellschaft Verbrechen nur vergelten kann, aber nicht sühnen.

Sühne der Korruption

Sühne liegt im freiwilligen Ermessen des Verbrechers, der sich schuldig fühlt. Daher wird vorgeschlagen, ihm die Bestimmung über Verfahren und Vollzug einzuräumen, auf daß, wenn er freiwillig Vergeltung an sich, das heißt Sühne leistet, er schon im Verfahren den ersten Schritt zur Besserung gehen könne.

Kehren wir unter diesen Einsichten zum Wirtschaftsverbrechertum zurück, so können wir sagen: Die begrifflich überscharfen Waffen der Tatfeststellung und Tatbenennung scheitern regelmäßig an der Tatwürdigung: Hat der als Wirtschaftsverbrecher Verdächtigte diese Verbrechen begangen? Die Subsumtion des Sachverhalts unter den Tatbestand fällt schwer

a) wegen der Abstraktheit des Tatbestandes,
b) wegen der Schwierigkeiten, innere Vorgänge im Sachverhalt (überschießende Innentendenz: Lüge - Bereicherung; Vorteil - Diensthandlung) nachzuweisen.

In dieser Nische der Nachweisbarkeit nisten weiter Korruption und Betrug. Diese Delikte werden mit Vorliebe von der Oberschicht verübt oder kommen, sofern sie, was die Zahl der Opfer und die Höhe des Schadens angeht, überhaupt ins Gewicht fallen, der Oberschicht zugute. Diese nun ist, selbst wo überführt, keineswegs bereit, zu sühnen. Somit erweist sich das Schuldstrafrecht gegenüber der bestimmenden Elite als stumpfe Waffe. Die Unverletzlichkeit der Reinheit der Betriebs- und Staatsverwaltung ist in unserer Republik gegen Anschläge der Eliten sowenig verbürgt, wie sie es in der Weimarer Republik war. Würde das StGB seinem im § 43 ausgesprochenen Gedanken der persönlichen Abschreckung ernst nehmen, so müßten alle diejenigen, die klare kriminelle Tendenzen zeigen, vor allem die politischen und wirtschaftlichen Eliten hinsichtlich Bestechlichkeit und Betrug, *vorsorglich* eingesperrt werden, zumal sich mangels nennenswerter Gefahr, verurteilt zu werden, keine Chance zur Abbüßung ihrer Schuld oder zur Sühne haben.

Ganz anders stellt sich das Verbrechen auf seiten der Mehrheit der Bevölkerung dar. Gehen wir vom Verursacherprinzip und von der vielfach erhärteten (das heißt nach Popper: bislang nicht widerlegten) Feststellung aus, daß eine hohe Arbeitslosigkeit eine hohe Verbrechensquote nach sich zieht, so müßten die für die Arbeitslosigkeit Verantwortlichen die auf Grund der Arbeitslosigkeit zu Verbrechern Gewordenen entschädigen.

Doch diese Kausalität, so stellte Richard W. Burgh resignierend in Helsinki fest, sei kaum nachweisbar, und wenn, dann nur moralisch ahndbar. Also auch hier wieder die klassischen Ausreden: Nicht, was wesentlich ist, gilt, sondern was meßbar. Und: Die Trennung zwischen Moral und Recht hilft denen, denen sie immer half: den jeweils herrschenden Eliten.

Strafbarwerden durch Arbeitslosigkeit

Nehmen wir dagegen die Kriminalität als eine direkte Folge der ungleichen Verteilung, so ergibt sich: Die Armutslinie, das heißt die Abweichung des Armen vom Durchschnittseinkommen, wird immer enger gezogen, und zwar in der Bundesrepublik Deutschland wie in den USA, obgleich die Verbrechensquote ansteigt. Dies erweckt den falschen Anschein, es nehme die sogenannte

Wohlstandskriminalität zu. Auf jeden Fall wird die Definition der Armut eingeengt. Lag sie in den USA noch Anfang der 60er Jahre bei 55% des Durchschnittseinkommens (mittleres Jahreseinkommen 5.417 $, Armutsgrenze 2.973 $), so sank sie Anfang der achtziger Jahre auf 42% (2.020 $ gegen 9.287 $).

Je nach Definition gelten in den USA und in der Bundesrepublik Deutschland 5–20% als arm, und die Verbrechensquote steigt in etwa dem Maße, in welchem die durch semantische Tricks nicht wegdefinierbare Armut oder ungerechte Verteilung zunimmt (vgl. June Axinn, Helsinki 1983), des weiteren in dem Maße, in welchem der Staat auch über ernstgemeinte Kritik hinweggeht.

Der Staat als Missetäter

Wir brauchen gar nicht erst auf Staatsverbrechen zurückzugreifen, die mit Terror und Krieg verbunden sind, sondern können Mord und Totschlag auch durch demokratische Staatswesen im Frieden registrieren, etwa den Anschlag auf das Greenpeace-Schiff »Rainbow-Warrior« in Neuseeland im Jahre 1985 durch die französische Sicherheitspolizei, oder die vielfachen durch Geheimdienste wie den CIA und KGB begangenen Morde, die ungesühnt bleiben und die deswegen den Staat ins Zwielicht bringen. Wir brauchen uns auch an den Gaunereien von höchsten Repräsentanten unserer Demokratie nicht zu stoßen. Ein Rest an Korruption, so resignieren wir, wird bleiben. Hauptsache, sie wird aufgeklärt, und ein Gemeinwesen reinigt sich selber.

Schlimm wird es, wenn unser Gemeinwesen selber die Grundlagen verletzt, die es doch durch Strafgesetze schützen will. Und dies, wenn diese Verletzungen nicht mehr ins Belieben einzelner gestellt, sondern ins Muster unseres Zusammenlebens eingewoben sind.

Diese Muster des Zusammenlebens schälen sich besonders deutlich in Konfliktlagen heraus, in Krisen- und Schwellenzeiten wie der heutigen. Sie waren aber auch unterschwellig vorhanden, als wir uns im Aufwind einer wachsenden Wirtschaft und zunehmenden Wohlstands befanden.

Diese Muster sind im Politischen ein Freund-Feind-Bild und im Wirtschaftlichen ein Verteilungskampf, in welchem jeder den größtmöglichen Anteil für sich erstrebt.

Den Mitbewerber ausmerzen!

Das Vermögen der als Hexe Verbrannten fiel im Mittelalter an die Denunzianten und den Klerus. Die an die 10 Millionen, die in Europa auf den Scheiterhaufen gezerrt wurden, weil sie »des Teufels waren«, verhießen ihren Peinigern ein hübsches Stück Vermögen. Der arme Teufel mußte also für die Habgier derer herhalten, die sich dem Licht und den Engeln näher wähnten.

Ähnlich hohen Tribut zollten die entrechteten Juden an ihre arischen Peiniger, zahlten die Ureinwohner Amerikas an die Eroberer, zahlen die Schwarzen Südafrikas an die Weißen.

Ähnlich steht es um den weltweiten Verteilungskampf zwischen den USA, die Zugang zu allen Märkten und Rohstoffen begehren, und dem Sowjetblock, der den USA beträchtliche Märkte, Rohstoffe und damit Machtchancen vorenthält.

Der Sieger bestraft am Ende den Unterlegenen. Wer aber bestraft den strafenden Sieger? Gelten die Grundsätze, die in Nürnberg gegen deutsche Kriegsverbrecher angewendet wurden, nicht für US-Verbrecher in Vietnam und sowjetische Verbrecher in Afghanistan, so erweist sich das Strafrecht als stumpfe Waffe in den Händen des Rechts, als scharfe allerdings in den Händen der Mächtigen.

Wenden wir den Blick auf unsere heutigen bundesdeutschen Zustände, bietet sich uns dasselbe Bild.

Der Verteilungskampf wird härter, die soziale Polarisierung schroffer: hier In-, da Ausländer; hier Arbeitende, da Arbeitslose; hier Unternehmer, da Gewerkschaften. Gewaltsame Ausschreitungen nehmen zu. Und diese sind im wesentlichen auf den Kampf um Macht, Arbeitsplätze, Marktanteile, Umweltnutzung zurückzuführen.

Neu hinzugekommen und auf Ratlosigkeit des Gesetzgebers gestoßen ist der rasante Verbrauch unserer Lebensquellen Luft, Wasser, Boden, Wald, Landschaft. Die für den Umweltschutz gedachten Strafgesetze sind halbherzig. Sie erfassen zu wenig, ahnden zu lahm und verfolgen zu wenig.

Zum Beispiel sind von anderen 100 durch das Berliner Bundesumweltamt angeregten Strafverfahren nur etwa 20 eingeleitet. Und die ausgeworfenen Strafen bewegen sich um ein paar hundert Mark - also um Lappalien. So ist auch grotesk, wenn schwerer Raub mit mindestens 5 Jahren Freiheitsstrafe geahndet wird, die »Verklappung« von »Dünnsäure«, welche die ganze Nordsee tötet, dagegen straffrei bleibt. Grotesk, wenn Brunnenvergiftung und Brandstiftung bestraft werden, die Verseuchung der Bodenkrume durch Überdüngung aber sogar noch gefördert wird.

Anders gesagt: Das Strafrecht versagt in Theorie und Praxis vor der Aufgabe, den sozialen Zusammenhalt sowie die natürlichen Daseinsgrundlagen unserer Gesellschaft zu sichern.

Bei der derzeitigen Lage und nach dem derzeitigen Aufbau unseres Gemeinwesens wird das Strafrecht diese Aufgabe auch nicht erfüllen können. In seinem Rückblick auf Schuld und Sühne ist es selber rückständig geworden, in seiner erzieherisch-vorbeugenden Funktion unglaubwürdig und stumpf. Da hilft auch keine Besinnung auf die alten Werte, deren Einlösung in Gesinnung und Verhalten gerade von denen ausgenutzt wird, die diese Besinnung forderten und fordern.

Und eine über lange Zeiten üblich gewesene Selbstdarstellung der Gesellschaft im Verbrechen gelingt uns deswegen nicht so recht, weil unsere Gesellschaft zunehmend ihre Identität und ihren Zusammenhalt einbüßt und wir unsicher wurden.

Den Widerstand bestrafen

Die Nötigung, § 240 StGB, will die persönliche Freiheit des Genötigten schützen und steht auch im Abschnitt »Straftaten gegen die persönliche Freiheit«. Der Nötigung ist schuldig, wer jemanden »rechtswidrig mit Gewalt oder durch Drohung mit einem empfindlichen Übel zu einer Handlung, Duldung oder Unterlassung nötigt«. Während sonst die Tatbestandsmäßigkeit die Rechtswidrigkeit anzeigt, fällt § 240 StGB ganz aus dem Gefüge des StGB und muß als verfassungswidrig angesehen werden: »Rechtswidrig ist die Tat, wenn die Anwendung der Gewalt oder die Androhung des Übels zu dem angestrebten Zweck als verwerflich anzusehen ist«; § 240 StGB, Abs. 2.

Ganz abgesehen davon liegt hier eine Schlampigkeit in der Formulierung vor, weil Verwerflichkeit eine Schuldfrage und keine der Rechtswidrigkeit ist und es »Ziel« heißen müßte und nicht »Zweck« (denn auch zwecklose Handlungen können Nötigung sein).

Nötigung durch Demonstranten?

In vielen Fällen, in denen etwa Demonstranten oder Nachrüstungsgegner wegen Nötigung verurteilt wurden, war geschütztes Rechtsgut die öffentliche Ordnung, die ja nun im konservativen Staat zum Überdruß geschützt ist, und nicht die persönliche Bewegungsfreiheit etwa der Straßenbahnschaffner oder der bemitleidenswerten Soldaten, welche die Pershing II bedienen, ob nun in Mutlangen oder anderswo. Das heißt: § 240 war schon entgegen seinem gesetzgeberischen Willen und Wortlaut angewendet, *contra scriptum et voluntatem;* vgl. die Gesetzesstandpunkte, *status legales.*

Insofern schlug der Amtsrichter, der den wegen Nötigung wegen Behinderung der Pershing II Angeklagten sogar bescheinigte, sie leisteten grundgesetzlich gebotenen Widerstand gegen die Vorbereitung eines Angriffskrieges (strafbar nach § 80 StGB mit 10 Jahren bis lebenslänglich), weil sie dem durch die Aufstellung der Pershing-II-Raketen in den Augen der Sowjetunion unumgänglich herausgeforderten Erstschlag widerständen, nur juristisch mit denselben Waffen zurück, die im politischen Vorfeld schon geschmiedet waren.

Nach der Güte des Argumentierens lag dieser Richter also besser als die vielen, welche Nachrüstungsgegner wegen Nötigung verurteilten.

Wir wollen uns hier mit den durchweg ähnlich wie dem § 240 StGB ungemein auslegbar formulierten Vorschriften über Hoch-, Verfassungs- und Landesverrat, besonders dem § 88a, der auch gutwilligen Aufklärern das Handwerk legt, nicht weiter befassen.

Strafen bei den Weltmächten

Im Strafrecht der UdSSR fallen die Strafen gegen die hoheitliche Ordnung überscharf aus, obgleich die Tatbestände den Betroffenen weitestgehend unbekannt sind. Neben den Grundlagen der Strafgesetzgebung der Union stehen die Strafgesetzbücher der 15 Sowjetrepubliken - aber fast geheim. Vor allem das der Russischen Föderativen Sozialistischen Sowjetrepublik (Großrußland) erhält man kaum im Buchhandel.

Nicht nur die Kriminalstatistik liegt in Sowjetrußland unter

Verschluß, sondern auch das Strafgesetzbuch selber - ein Umstand, der im alten Rom das Volk dazu trieb, von den Patriziern offengelegt zu bekommen, wonach sie richteten. Aber Moskau liegt weit vom republikanischen Rom entfernt.

Das StGB der RSFSR kennt die Todesstrafe für »Heimatverrat« (Art. 64 StGB), Spionage, Gefängnisaufstand und Banditentum (Art. 77). Sowjetfeindliche Agitation und Propaganda, deretwegen viele der Dissidenten verurteilt, wird laut Art. 70 StGB RSFSR mit Freiheitsstrafe von 6 Monaten bis zu 7 Jahren bestraft sowie mit Verbannung von 2-5 Jahren oder ohne Verbannung oder nur mit Verbannung.

Wie hart die Strafen in Sowjetrußland ausfallen, ist auch daran zu ersehen, daß auf Devisenvergehen und andere schwere Wirtschaftsverbrechen der Tod steht (Art. 88 StGB).

Ganz anders dagegen in den USA, die auf Mord und schwere Vergewaltigung die Todesstrafe auswerfen, auf Wirtschaftsverbrechen, soweit ich sehe, aber nicht. Jede der Großmächte straft eben den, durch den sie sich am stärksten bedroht sieht; den, der ihr Selbstbild am ehesten gefährdet.

Daß insbesondere die Todesstrafe nichts nutzt, erweisen die USA: Trotz zunehmender Hinrichtungen steigt die Verbrechensquote und, soweit wir wissen, geschieht das auch in der UdSSR.

Trotz drakonischer Strafen steigt vor allem die schichteneigene Kriminalität: in der Hauptschicht der Diebe und Räuber, in der Funktionärskaste der Betrüger und Spekulanten. Was also das negative Rechtsgut, das Verbrechen angeht, haben diejenigen, die das Zusammenwachsen von Ost und West behaupten (die Konvergenztheoretiker), gute Karten.

Im Negativen, im Verbrechen, bewegen sich der Ost- und der Westblock schon schichtenspezifisch aufeinander zu. Und da wir nur wissen, was wir falsch und nie das, was wir richtig tun, haben wir jedenfalls im Verbrechen eine starke Brücke geschlagen, die Ost und West verbindet. Hegten wir noch Zweifel an der negativen Übereinstimmung zwischen Ost und West, so werden diese Zweifel schwinden, schauen wir uns das Sinnlichwerden des Staates an, seine handgreifliche Gewalt.

Strafende Zentralgewalt

Obrigkeitliche Staatsgewalt verweist auf seine Kehrseite: auf das Gesetz, vor allem auf das Strafgesetz.

Das deutsche Wort »Gewalt« leitet sich von der indogermanischen Wurzel *val* ab; vgl. lateinisch *valere* = wert sein; russisch *vlast* = Herrschaft, Gewalt; vladitj = herrschen.

Einerseits verbindet sich die Gewalt - auch die des Volkes - mit dessen Selbstbestimmung (Souveränität); andererseits, etwa in der Gewaltenteilung, mit dem wechselseitigen Aussteuern der Gewalten zwecks Abwehr der Tyrannei: *»Le pouvoir arrête le pouvoir«*, »Gewalt hemmt Gewalt«.

Nach Marxscher Ansicht zeugt Gewalt über Menschen vom Klassenstaat. Dank Gewalt hält aber auch im sozialistischen Staat die herrschende Klasse die beherrschte nieder. Erst in der Kommunistischen Endgesellschaft wird Gewalt über Menschen verschwinden und der gesellschaftlichen Verfügungsmacht über Sachen weichen.

Abseits solcher Zukunftshoffnungen: Die heute existierenden Staaten haben das Gewaltmonopol und können Gewaltausübung androhen. Sofern sie ihre Gewaltausübung und -drohung überprüfbar gestalten, das heißt an Gesetze knüpfen, wird Gewalt in allen Verfassungen der Industriegesellschaften gerechtfertigt.

Wird Gewalt so verstanden, dann führt uns die gewaltsame Bestrafung nach Gesetzen aber in ein Dilemma.

Insich-Bruch der Strafgewalt

Die Rechtsgüter, wegen deren Verletzung wir den Täter bestrafen, stehen ihm selber als unverletzliche zu: etwa Leben, Freiheit, Gesundheit, Vermögen.

Was berechtigt uns, ihm diese zu nehmen? Rechtfertigen wir, indem wir ihm seine Missetat vergelten, nicht selber seine Missetat durch unsere? Setzen wir auf einen Schelm zweie?

Offenbar, sofern wir naturrechtlich in ursprünglicher Trägerschaft von Rechten denken, in Schuld, Sühne und Abschreckung; Abschreckung deswegen, weil, wollten wir von Tötung abschrekken, wir unsere Henker töten müßten, dann deren Henker und so fort. Offenbar entgehen wir diesem Fortgang zum Unendlichen oder dem Stehenbleiben beim Unbewiesenen nicht kausal-funktional.

Im Käfig des § 46 StGB befangen, werden wir Strafgewalt sowenig rechtfertigen können wie jede andere Gewalt. Anders auf einem Weg, der vom Verhandeln zum Richten führt und der oben angedeutet wurde: Gewalt wird da als Letztmittel angewendet; erst dann, wenn alles andere versagt hat. Erst dann können wir uns herausnehmen, Bösewichter einzusperren, auszuschließen und zu töten.

Daß die Todesstrafe abgeschafft bleibt, halte ich für unumgänglich; Tötung kann in einem fremdbestimmten Staat, in einer entfremdeten Gesellschaft wie der unseren nie gerecht sein. Wohl aber in Stämmen, die das Gewaltproblem eleganter und einfacher lösten als wir, gerade weil sie selbstbestimmt blieben.

Ich führe als Beispiel dafür die Guajiros an, einen Indiostamm, der im Nordwesten Venezuelas siedelt und nach Kolumbien hinreicht (vgl. Domingo A. Labarca Prieto: The Guajiro Law: Autonomy and Heteronomy; Papier Helsinki 1983).

Harmonie ohne Zentralgewalt

Die Guajiros kennen keine Über- und Unterordnung, Pyramiden, Hierarchien. Und dennoch lebt der Stamm erstaunlich schlüssig. Den Zwang, zentral bei uns im Gewaltmonopol des Staates ausgedrückt, kennen die Guajiros nicht, wohl aber in der Familie eine Art Staffelung. Der älteste Onkel mütterlicherseits beeinflußt die Töchter seiner Schwester. Dritten gegenüber tritt er als Vertreter dieser Töchter auf. Er allein entscheidet über deren Heirat. Seiner Schwester Söhne beerben ihn.

Ähnlich abgestuft sind Rechte und Pflichten der anderen Verwandten, Verehelichten/Verschwägerten verteilt. Die Heirat der Guajiros bereitet ein Zusammenleben ohne Zentralgewalt vor. Beteiligt sind nur die Verwandten der Braut, und dennoch wird streng und abgestuft - ähnlich wie im islamischen Recht, das mehrere Abstufungen von Verbindlichkeit kennt - gegen Verletzungen des Brauchs vorgegangen.

Zwischen Straf- und bürgerlichem Recht unterscheiden die Guajiros nicht.

Bürgerlich-rechtliche Rechtsbrüche werden sofort strafrechtlich geahndet, und zwar sippenhaft. Eine dritte Partei wie unsere Institution Richter, Gericht, fehlt. Jede Rechtsverletzung hat zunächst ritual-friedliche Schritte wie Drohung zur Folge. Fruchten die nicht, wird Vergeltung (englisch: reprisal) ausgeübt. Wir können die Folge sozialer Erwartungen und Sanktionen bei den Guajiros so darstellen: Wenn A, dann B. Wenn nicht B, dann Sanktion in Form von Ersatz oder selbstbestimmter Gegenhandlung. Fällt die aus, bricht die Sanktion der Gruppe aus, die Vergeltung. Wird zum Beispiel ein Guajiro getötet, gleichviel, ob Unfall, Unachtsamkeit oder Heimtücke vorliegen, *muß* der Täter oder seine für ihn verantwortlichen Verwandten die Tat *entgelten* (kompensieren). Wo nicht, *vergilt es* der Täterseite die Gruppe.

Nach venezolanischem und kolumbianischem staatlichen Recht werden gemäß unseren Gesetzen die Guajiros anders zur Rechenschaft gezogen beziehungsweise gar nicht. In keinem Fall entschuldigt die staatliche Sanktion die des Stammes. Die Guajiros behandeln auch Auswärtige gemäß ihrem Stammesrecht. Also ein Recht, daß das rational-flächendeckende des Zentralstaates nicht ausschließt, das aber das eigene erhält. Anders gesagt: Was bei uns die Rechtswidrigkeit, ist bei den Guajiros die Dazwischenkunft der Verwandtschaft. Der für die Vergeltung, nicht Rache, Verantwortliche hat zu handeln; notfalls zu töten. Wenn nicht, stößt ihn der Stamm aus. Ausgestoßene begehen Selbstmord in der Gemeinde oder ziehen in die namenlosen Städte.

Wo Gewalt angebracht ist und wo nicht

Mich dünkt, was die Guajiros leisten, nämlich in zwei unterschiedlichen Welten gleichzeitig zu leben, können wir auch. So wie die Guajiros dem Staat geben, was des Staates ist, so können wir uns auch mit dem gesetzesförmigen, legalistischen Fernbereich abfinden und tun es resignierend auch. Was aber uns, unsere Nächsten, unsere Scholle, unsere Luft und unser Wasser angeht, darüber sollten wir ohne Dazwischenkunft Fremder ebenso befinden können wie die Guajiros über ihre - zugegebenermaßen einfacheren - persönlichen Bezüge.

Zentralgewalt mag also im Fernhandel mit Waren angebracht sein. Im Nahbereich hat sie nichts zu suchen. Das Geld mag ein Sakrament sein, weil es den weltweiten Bedarf am Markt vermittelt. Die Ehe nie, weil Mann und Frau sich unmittelbar begegnen - abseits der Kirche also ein Bedürfnis stillen, was weder durch Priester noch durch Geld, erst recht nicht durch Androhung von Höllenpein im widersetzlichen Falle gestillt werden kann.

Im Nahbereich also kann Gewalt im doppelten Sinne von leiblichem Zwang und gesetzlicher Zwangsausübung/-androhung nie angebracht sein; im ursprünglichen christlichen Sinne jedenfalls nie.

Schwerpunktmäßig dagegen kommt Gewalt gegen Wirtschafts- und Staatsverbrecher viel zu selten vor, die ganze Völker ausplündern und ausmorden. Denn Gewalt, die ja nur in gesetzlich kanalisierten Richtungen ausgeübt werden darf, läßt eben die sanktionsfrei ausgehen, welche die Macht haben, die Gesetze zu erlassen, die die Gewalt kanalisieren, also kurz: Machiavelli im Gesetzesstaat.

Wir wollen hier nur die Konsequenz aus dem heutigen Stand des Strafens festhalten, die wir schon anderweitig zogen: Einerseits Rückkehr zum rechtmäßigen Strafen durch die Gemeinde, die das ihr durch den Missetäter zugefügte Unbill selber ausdrückt und ahndet. Also *Dezentralisierung des Strafens* in Richtung auf ursprünglichen Ausgleich und uranfängliche Vergeltung, das heißt Wiederherstellung des Rechts am Verbrecher. Und die andere Richtung: Ein *neues Verständnis zentralen Strafens* durch dafür berufene Instanzen in Richtung Schutz unserer Grundlagen und möglicherweise disruptive Techniken wie Widerstand und zivilen Ungehorsam.

3. Handeln, Haben, Erben

Handeln

Das Bürgerliche und das Handelsrecht regeln den Austausch. Sie leiten Geld- und Warenströme in ihr Bett. Leichtigkeit und Sicherheit des Verkehrs sind die Ziele des Bürgerlichen Gesetzbuchs (BGB) vom 18. 8. 1896 und des Handelsgesetzbuchs (HGB) vom 10. 5. 1897.

Erst in zweiter Linie strebt das Recht des Güter- und Geldaustauschs die gerechte Verteilung an, die justitia distributiva. Im Vordergrund steht die Tauschgerechtigkeit, die *justitia communitiva.* Das Austauschrecht ist aus liberalem Geist geboren, nicht aus sozialem. Wohlstand und Reichtum werden angezielt, nicht Gleichheit und Verteilungsgerechtigkeit.

Wenn man so will, unterstreicht das Austauschrecht die Wirtschaftsweise Japans, nicht Chinas. China legt das Schwergewicht auf Gleichheit, Japan auf Reichtum. Ebenso legen BGB und HGB Wert auf Wohlstand und Reichtum, das heißt gesetzestechnisch auf Schnelligkeit des Austauschs und Sicherheit der Haftung.

Danach rangieren etwa Mieter- oder Arbeiterrechte. Der Kauf, §§ 433 folgende BGB, steht systemgerecht vor Miete/Pacht und Dienst, §§ 535, 611 ff. BGB. Und nach dem Kauf, das heißt Ware gegen Geld, wobei auch die Ware Geld sein kann, kommt der Tausch, Ware gegen Ware, § 515 BGB.

Den kulturgeschichtlichen Sonderfall, daß Ware gegen Geld oder gar Rechte gegen Rechte getauscht werden, erhebt das BGB zum Normalfall. Es ist Kind abstrakter Kultur, abgehobener Verbürgerlichung und treibt diesen Sonderfall weiter.

1. und 2. Buch des BGB, Aufbau

Doch nicht genug damit. Das BGB, bestehend aus 5 Büchern, gleitet im 1. Buch, dem Allgemeinen Teil, die Grammatik stottern-

– Klagen Sie nur . . . damit können Sie dem Nachbarn einen guten Streich spielen . . . er wird dabei mehr als hundert Riesen ausspucken müssen! . . .
– Ja, aber ich . . . ich würde auch mein Geld verlieren . . .
und das schmeckt mir nicht!

der Sätze entlang. Etwa nach dem Schema: »Ich Dich treffen« oder »Hans Holz holt« kennt es natürliche (Menschen) und juristische Personen; §§ 1-89. Dann Sachen, Objekte, *res*, Handlungsgegenstände, § 90-103, dann Rechtsgeschäfte, Handlungen, Tun, Prädikate, §§ 104-240. Nicht etwa steht das Tun zwischen Täter und Tat wie in leidenschaftslosen Sätzen wie: »Hans holt Holz«, »Ich treffe Dich«, also gemäß dem analytischen Schema Subjekt - Prädikat - Objekt. Nein: Der Allgemeine Teil des BGB holpert in Auslandsdeutsch. Ein eigenartiges »Person Sache bearbeitet«. Eine Laune der Pandekten (pan - dechomai = ich fasse zusammen), einer Schule zu Bologna, im 15. Jahrhundert, die das alte römische Recht in endlosen Kommentaren uns übergab und von deutschen Gelehrten auf die Spitze getrieben wurde. Das BGB ist deren Werk. Der Code Napoléon entstammt politischem Willen, das BGB einer Stubengelehrsamkeit. Das deutsche BGB ist vom Wunsch nach einem klaren Aufbau (konstruktivistisch) beseelt. Es war und bleibt das aufgeschlagene Buch unserer Gesellschaft. Man muß es aber lesen können, was so ohne weiteres nicht geht.

Haben wir nun Täter-Tat-Tun hinter uns, treffen wir im zweiten Buch auf das Tun-Tun, hier zentral den Vertrag, also das wechselseitige Rechtsgeschäft, in welchem zwei Willenserklärungen übereinstimmen, was das Paar Schuldner = Anspruchsgegner und Gläubiger = Inhaber eines Anspruchs gebiert. Ansprüche = Gläubigerpositionen können aber auch außervertraglich entstehen, etwa durch unerlaubte Handlungen wie Diebstahl, Betrug, §§ 823 ff. BGB ungerechtfertigte Bereicherung, §§ 812 ff. BGB oder Geschäftsführung ohne Auftrag, § 677 BGB.

Immer aber kennt das Recht des 2. Buchs des BGB das Recht der Schuldverhältnisse, Schuldner und Gläubiger, die durch den Anspruch des Gläubigers gegen den Schuldner verbunden sind. Bildlich gesprochen: Schuldner und Gläubiger sind zwei starre Figuren im Austausch. Sie werden dies durch Vertrag oder außervertragliche Tatbestände.

Was nun den Vertrag angeht, §§ 305 ff. BGB, so werden in einem Allgemeinen Teil des Vertragsrechts nichtgegenseitige Verträge wie Schenkung und gegenseitige wie Kauf vorgestellt.

Weiter: Art und Weise der Leistung wie Ort und Zeit; Leistungsstörungen wie Unmöglichkeit und Verzug - jeweils fein ausgefeilt nach subjektiver und objektiver Unmöglichkeit, ursprünglicher und nachfolgender; Verzug des Schuldners und des Gläubigers. Danach werden einzelne Vertragsarten abgehandelt. Kauf, Tausch, Schenkung, Miete/Pacht, Leihe, Darlehen, Dienst-, Werk-, Maklervertrag beispielsweise, sowie außervertragliche Schuldverhältnisse.

Grundpfeiler des BGB

Trotz seiner strengen, abweisenden Architektur gewährt das BGB einen Einblick in die hochabstrakte bürgerliche Kultur. Diese ist nicht denkbar ohne das Ich, das Subjekt, ein Menschenkonstrukt, das der deutschen Philosophie Weltruhm einbrachte und einbringt.

Die Philosophie der Neuzeit ist subjektiv idealistisch, also: Ich ist alles, so im Westen (Fichte, Kant) oder objektiv idealistisch, also: Alles ist Ich - so im Osten (Hegel, Marx). Selbst der angelsächsische Funktionalismus, der die Ganzheit des Ichs in die des Objekts verlagert, des Zwecks (Funktionalismus), spiegelt nur das Nutzenkalkül des Subjekts wider, woher denn auch festländische Juristen wie Deutsche und Franzosen das amerikanische Recht mit Geringschätzung betrachten, vergaß es doch seine Gründe.

Das englische Recht, common law, verallgemeinert Fälle. Das kontinentale Recht, gleich ob germanischen oder spätrömischen (byzantinischen) Ursprungs (*Corpus Juris*), verallgemeinert Menschen, Menschenzusammenschlüsse, Handlungen und Sachen, zwischen denen es unanschauliche Bezüge herstellt. Es kennt einen Allgemeinen Teil wie unser BGB, der denn auch von Deutschen mit besonderer Liebe bearbeitet wurde: die Institutionen.

Unser festländisches Recht, das vielfach übernommen (rezipiert) wurde, beförderte in Richtung Abgehobenheit die Leichtigkeit des Verkehrs. Denn Geld ist unsinnlich. Es erleichtert den Austausch, bedarf aber einer gewaltmäßigen und wirtschaftlichen Sicherung. Da Güter sich dem Geld anpassen, das heißt zur Ware werden, beschleunigt sich der Austausch, indem etwa eine Ölladung zigmal verkauft werden kann. Der Geldumschlag von 1900 bis jetzt verhundertfachte sich - sicherlich ein Feld für Spekulanten, sicherlich aber auch eine Annäherung des Wertes einer Ware und Währung an den Bedarf - nicht das Bedürfnis, auf das der Weltmarkt nicht achtet. Denn er kann das Bedürfnis nicht messen.

Dahinter steckt ein Menschenbild von höchster juristischer Erheblichkeit. Vergleichen wir nur drei der europäisch wirksamsten Zivilgesetzbücher: den Code Napoléon von 1817, das BGB von 1900, das Großrussische Zivilgesetzbuch von 1964.

Menschenbilder der Zivilgesetzbücher

Die Gesetzbücher stellen den Menschen so vor: Er ist erwachsen, also kein Kind, und er ist vernünftig, also voll geschäftsfähig und nicht irr. Daher Sondervorschriften für Minderjährige, Geisteskranke und Geistesschwache sowie im russischen ZGB noch für Trinker und Drogenabhängige.

Das bürgerliche Recht zeichnet ein Positivbild des Bürgers, meist des Mannes, der Frau weniger, das Strafrecht dagegen ein Negativprofil. Beide Rechtsmassen entspringen dem Naturrecht.

Naturrechtlich kommt der in der Gotteskindschaft stehende erwachsene und vernünftige Mann, der das Aussagemuster verinnerlicht hat, Gott am nächsten. Zudem ist der Mensch aber auch noch Sozius. Er kann sich gottgewollt oder richtig vergesellen, so etwa im Kapitalismus, oder aber erbsündig oder falsch, so etwa im Kommunismus in der US-Normaldeutung. Die sozialistischen Rechtssysteme begreifen den Menschen als maximierenden Optimierer. Das großrussische ZGB zum Beispiel »regelt Vermögens- und mit ihnen verbundene persönliche Nichtvermögens-Beziehungen zum Zwecke der Schaffung der materiell-technischen Basis des Kommunismus und der immer vollständigeren Befriedigung der stofflichen und geistigen Bedürfnisse der Bürger« (Art. 1 ZGB RSFSR).

Bilden der Code Napoléon und das Bürgerliche Gesetzbuch noch Teil und Rahmen der bürgerlichen Selbstdarstellung durch Begriffs- und Erwerbsmächtigkeit, so gibt sich das russische ZGB als Mittel zum Zweck aus. Ausgerechnet der dem Angelsachsentum entstammende Funktionalismus, der alles Tun zum Mittel ohne Selbstzweck entwertet, ist im sowjetischen Recht in Gesetzesrang erhoben. Alltagssprachlich gesagt: Der Kommunismus ist das aufgelöste Rätsel der Menschheit. Doch liegt die Erlösungstat weit zurück, und die heutigen Nachfahren haben sich ihrer als würdig zu erweisen. Just dies ist auch die Botschaft der monotheistischen Amtskirchen, die auf Jahwe, Gottvater oder Allah zurückgreifen. Doch während die bürgerlichen Gesetzbücher Frankreichs und Bundesdeutschlands den Menschen nur als Staatsbürger (*citoyen*) erfassen, erfaßt ihn das russische ZGB auch als Wirtschaftssubjekt. Es teilt nicht, sondern es sammelt Herrschaft und läuft auf einen herrscherlichen Opportunismus hinaus: Unter den Merkmalen »erwachsen« und »vernünftig« - latent auch »männlich«, »reich«, »mächtig« - kommen nur Minderheiten zusammen. Kommt wie im Falle des russischen ZGB das Merkmal des Kommunismus hinzu, genügt diesen dreien nur einer: der Generalsekretär der KPdSU.

Zusammenschlüsse

Es dient sicherlich der Leichtigkeit des Verkehrs, wenn sich Personen zusammenschließen, um zu erzeugen - Betrieb - oder zu verkaufen - Unternehmen. Denn Güter in Mengen und zu Preisen, die uns das Leben erleichtern, heute vielleicht zunehmend erschweren, kann keiner allein erzeugen. Sie auch nicht allein verkaufen, auch nicht allein den Betriebsvorgang optimieren. Zum Selbstbereichern sind große Unternehmen überfordert; sie brauchen Bereicherungswissenschaftler, Betriebswirte. Betriebe sind, vom Arbeitsablauf her gesehen, Zielverbände. Der Handlungssinn liegt in der Herstellung bestimmter Güter oder Dienste. Unternehmen sind meist Zweckverbände. Sie wollen mit, nicht in Handlungen etwas erreichen, bei uns meist Gewinn, Profit, von reinen Selbstversorgungsunternehmen abgesehen. Sich selbstversorgende Genossenschaften fristen bei uns ein Schattendasein wie etwa der Tausch im Verhältnis zum Kauf.

Wir müssen also die Außen- und Innenseite wirtschaftlicher oder auch gemeinnütziger Zusammenschlüsse trennen. Der Verein/das Unternehmen wird nach außen hin vertreten durch den Vorstand. Das Innere regelt der Geschäftsführer. Für auf Erwerb gerichtete Handelsverbände ist das HGB zuständig, für Nicht-Erwerbs-Vereine das BGB. Inwieweit selbst Kirchen Gewinn erheischen, bleibe dahingestellt; im Überschwang der Profit- und Machtmaxime werden auch mildtätige Vereine zu Seelenkonzernen.

Doch kehren wir zu den Erwerbsverbänden zurück, die das Ich am Markt erweitern.

Gesellschaft und Verein

Das Ich, das sich dem Markt überläßt, die Person also, kann gemeinschaftlich als Personalgesellschaft auftreten. Hier richtet sich die Handlungsmacht nach innen und außen nach der Person. Grundsätzlich gilt: Eine Person = eine Stimme (im Inneren) und gesamtschuldnerische Haftung nach außen, gesamthänderische Bindung nach innen: Jeder steht für die Schulden des anderen ein, keiner kann allein verfügen, das heißt einen Gegenstand veräußern oder belasten, §§ 705 ff. BGB, 105 ff. HGB. Dennoch mischen sich schon in diese Urform der Gesellschaft (die BGB - Gesellschaft und die offene Handelsgesellschaft) zwischen die personenrechtlichen Elemente vermögensrechtliche. Denn jedem Gesellschafter steht ein Anteil am Gesellschaftsvermögen zu, der seinen Gewinnanteil bestimmt.

Von der Gesellschaft unterscheidet sich der Verein dadurch, daß sein Bestand vom Mitgliederwechsel nicht berührt wird. Die Gesellschaft dagegen beruht auf Vertrag, den nur natürliche oder juristische Personen schließen können.

Gesellschaft und Verein verfolgen einen »Zweck,« den die Gesellschafter zu vereinbaren haben, der dagegen bei Vereinen in der Satzung festgelegt wird. Die Satzung sieht auch Organe vor, die für den Verein handeln. Der Verein selber braucht nicht rechtsfähig zu sein. Er kann wirtschaftliche Zwecke verfolgen, braucht das aber nicht. Die handelsrechtlichen Gesellschaften müssen Erwerbszwecke verfolgen, BGB-Gesellschaften brauchen das nicht. Die BGB-Gesellschaft, §§ 705 ff. BGB, und der Verein, §§ 21 ff. BGB, bilden die Grundform der Zusammenschlüsse zur Erweiterung des Handlungsraums der natürlichen Personen und der Erreichung des gemeinschaftlichen Zwecks oder Ziels. Der Gesellschaftsvertrag weist, obgleich er im Recht der Schuldverhältnisse geregelt ist, über diese hinaus, indem er ein Gesellschaftsvermögen bildet: das Vermögen zur gesamten Hand, das weder ideell noch real geteilt ist und als Sondervermögen einzig dem Gesellschaftszweck dient. Ideell nach Bruchteilen geteilt ist das Vermögen der Gemeinschaft, §§ 741 ff. Hier ist jeder Gemeinschafter an seinem Bruchteil verfügungsberechtigt - eine Konstruktion, die der gemeinrechtlichen societas entstammt und die nach dem 1. Entwurf des BGB auch für das Gesellschaftsvermögen gelten sollte.

Entgegen der BGB-Gesellschaft wird die OHG unter »gemeinschaftlicher Firma« betrieben, das heißt: Die Gesellschafter treten unter einem einheitlichen Namen auf, der Firma, die mitsamt der Gesellschafter ins Handelsregister einzutragen ist; § 106 HGB.

Kapitalgesellschaften

Haften mehrere oder einer der Gesellschafter den Gläubigern nur beschränkt (Kommanditist), ein anderer oder andere dagegen wie bei der OHG unbeschränkt (Komplementär), so haben wir es mit einer Kommanditgesellschaft zu tun (KG), §§ 161 ff. HGB. Der Kommanditist kann Handlungen des Geschäftsführers nicht widersprechen, was sonst der Gesellschafter darf. Auch wird bei seinem Tod die KG entgegen der üblichen Gesellschafter-Regel die Gesellschaft nicht aufgelöst. Der Kommanditist unterliegt nicht dem üblichen Wettbewerbsverbot der §§ 112, 113 HGB. Er ist damit der Rechtsstellung des Gesellschafters einer Kapitalgesellschaft angenähert, deren Grundform, die Aktiengesellschaft, wir hier streifen.

Die AG kann selbständig handeln, prozessieren, eingetragen werden und in Konkurs gehen (§§ 50 ZPO, 207, 208 Konkursordnung vom 10. 2. 1877). Sie hat ein in Aktien zerlegtes Grundkapital von mindestens DM 100 000,–, das sich aber nicht mit dem Gesellschaftsvermögen decken muß. Das Grundkapital gibt die Mindesthöhe an, bis zu der das Gesellschaftsvermögen den Gläubigern haftet. Und es bestimmt den Anteil des einzelnen Aktionärs am Gesellschaftsvermögen. Unter den Aktionären darf nur der Bilanzgewinn verteilt werden, das heißt der Überschuß aus den Vermögenswerten, gemessen an den Verbindlichkeiten und dem Grundkapital, §§ 1, 7, 58 des Aktiengesetzes vom 6. 9. 1965.

Ähnlich wie die Aktiengesellschaft ist die Gesellschaft mit beschränkter Haftung (GmbH) eine selbständige Korporation mit einer von den Gesellschaftern unabhängigen Geschäftsführung. Zu ihrer Gründung ist ein Stammkapital von mindestens DM 20 000,– aufzubringen. § 5 Abs. 1 GmbH-Gesetz vom 20. 4. 1892. Die Stammeinlage entspricht der Aktie.

Die Gesellschaften regeln die Grundfragen, können den Gewinn beanspruchen und die Leitung überwachen. Doch entgegen der AG, die in erster Linie Kapital zu sammeln hat und deren

Gesellschafter häufig wechseln, was bindende Vorschriften etwa über die Verteilung der Zuständigkeit innerhalb der Organe erfordert, § 23 Akt.G, kann die GmbH der OHG angenähert werden und wird es auch oft; vgl. die im § 45 GmbH-Gesetz vorgesehene Gestaltungsfreiheit.

Oft werden um der Beschränkung der Haftung willen GmbH's gegründet, deren Anteile dann von einem allein aufgekauft werden (sogenannte Einmann-Gesellschaften). Auch werden um der Beschränkung der Haftung und um der Stärkung der Kapitaldecke willen oft GmbH und Co KG's gegründet. In dieser KG haftet die GmbH, die ja selber in sich schon beschränkt haftet, unbeschränkt als Komplementärin.

Einige oder alle Gesellschafter zugleich der GmbH und der KG haften als Kommanditisten. Die Beliebtheit dieser als zulässig anerkannten Rechtsform rührt auch aus Steuervorteilen: Denn wären die Gesellschafter nur an der GmbH beteiligt, müßten sie 1. Körperschaftssteuer für die GmbH bezahlen und 2. Einkommensteuer auf ihren Gewinn. Dagegen sind OHG und KG mangels Rechtsfähigkeit nicht eigens steuerpflichtig.

Seit dem Körperschaftssteuer-Reform-Gesetz von 1976 wird zwar die von der GmbH auf den ausgeschütteten Gewinn gezahlte Steuer auf die vom Gesellschafter zu zahlende Einkommensteuer angerechnet. Aber in vielen Fällen, vor allem bei Spitzeneinkommen liegt er damit immer noch günstiger als bei einer direkten Versteuerung, zumal wenn viele Kommanditisten besteuert werden.

Zusammenschlüsse jedweder Art versuchen also, die Handlungsgrenzen des Ichs auszuweiten, die Kreditbasis zu stärken und gleichzeitig die Gläubiger abzusichern, um den Austausch voranzutreiben und zu erleichtern. Diesen Zielen dient auch ein anderes Mittel: die gesetzliche Vertretung oder die rechtsgeschäftliche Vertretung, die Vollmacht.

Vertretung

Wir wollen hier von den handelsrechtlichen Spezialformen der unmittelbaren Stellvertretung absehen, der Prokura und der Handlungsvollmacht, §§ 48–58 HGB, und uns der Grundform zuwenden, der Ausgestaltung der Vertretung nach § 164ff. BGB.

Danach kann der Vertreter im Namen des Vertretenen Willenserklärungen abgeben, die unmittelbar für und gegen den Vertretenen wirken.

Willenserklärungen sind Rechtsgeschäfte, die auf Rechtswirkung abzielen; so etwa einseitige wie Kündigungen, Rücktrittserklärungen oder Anfechtungen; letztere lassen Willenserklärungen etwa wegen Irrtums oder Täuschung nichtig, das heißt von Anfang an unwirksam werden. Rechtsgeschäfte kommen auch zwei- oder mehrseitig zustande, so etwa Kauf- oder Gesellschaftsverträge. Um nun die Schwierigkeit der Rechtssprache an einem Beispiel aus dem Recht der Vertretung zu erläutern, nehmen wir § 166 Abs. 1 BGB:

»Soweit die rechtlichen Folgen einer Willenserklärung durch Willensmängel oder durch die Kenntnis oder das Kennenmüssen gewisser Umstände beeinflußt werden, kommt nicht die Person des Vertretenen, sondern die des Vertreters in Betracht.«

Bestes deutsches Gedankengut, aber da verstehe mal wer, was zum Beispiel »gewisse Umstände« sind. Dann muß man die Eigentumsübertragung im Kopf haben und etwa wissen, daß Eigentum gutgläubig erworben werden kann: Erwerb von Nichtberechtigten, §§ 892, 932 BGB; 366f. HGB. Da das Vertretergeschäft grundsätzlich auf dem Vertreterwillen beruht, ist dieser maßgebend. Der Vertreter kann also gutgläubig für den Vertretenen erwerben. Desgleichen sind Willensmängel wie Täuschung oder Irrtum nur in seiner Person erheblich.

Um aber zu vermeiden, daß der Vertretene die Gutgläubigkeit des Vertreters für sich ausnutzt, läßt das BGB dem Abs. 1 den Abs. 2 folgen, der lautet:

»Hat im Falle einer durch Rechtsgeschäft erteilten Vertretungsmacht (Vollmacht) der Vertreter nach bestimmten Weisungen des Vollmachtgebers gehandelt, so kann sich dieser in Ansehung solcher Umstände, die er selbst kannte, nicht auf die Unkenntnis des Vertreters berufen. Dasselbe gilt von Umständen, die der Vollmachtgeber kennen mußte, sofern das Kennenmüssen der Kenntnis gleichsteht.«

Soweit die Erweiterung des Ichs durch Verein und Vertretung. Doch nicht genug damit. Auch Rechte können der Ausdehnung des beschränkten Handelns der natürlichen Person dienen.

Abtretung

Zum Erweis dessen, daß das Austauschrecht die Erweiterung des Austauschs fördert und daß dies das deutsche Recht insbesondere durch hohe Abstraktionen zu erreichen trachtet, führe ich des weiteren § 398 BGB an:

»Eine Forderung kann von dem Gläubiger durch Vertrag mit einem anderen auf diesen übertragen werden (Abtretung). Mit dem Abschlusse des Vertrages tritt der neue Gläubiger an die Stelle des alten Gläubigers.«

Ansprüche können also übergeben werden wie Waren. Aber Vorsicht: Wer etwa eine Sache kauft, wird noch lange kein Eigentümer. Damit er es wird, muß er einen vom schuldrechtlichen Kauf gesonderten Vertrag abschließen, den dinglichen Verfügungsvertrag. Die schuldrechtliche Verpflichtung gibt ihm nur einen Anspruch auf Übertragung des Kaufgegenstandes. Erfüllt wird der Anspruch erst durch Eigentumsverschaffung am gekauften Gegenstand, meist durch Einigung über den Übergang des Eigentums und Übergabe der Sache, § 929 BGB.

Der Übertragung kann ein wie auch immer geartetes Verpflichtungsgeschäft zugrunde liegen, wie Kauf, Schadensersatz, Sicherungsvertrag (Sicherungsübereignung), Vergleich, Pflichtteilsanspruch, Schenkung und so fort.

Ähnlich der Übergabe einer Sache nach § 929 BGB ist die Übertragung einer Forderung nach § 398 ausgestaltet. Auch die Abtretung ist eine Verfügung, das heißt eine unmittelbare Veränderung der Rechtslage eines Gegenstandes, der meist eine Verpflichtung zugrunde liegt, wie Kauf, Sicherung, Einzugsermächtigung (Inkassozession) oder factoring. Beim factoring tritt ein Unternehmer sämtliche Forderungen gegen seine Abnehmer an den Factor - regelmäßig eine Bank - ab. Er erhält den Gegenwert unter Abzug von Gebühren gutgeschrieben. Er hat sofort verfügbares Kapital, erspart sich etwaige Mahnungen und verschafft sich so außerhalb der Zahlung durch den Schuldner Liquidität.

Wir haben bislang die Rechtsformen erörtert, die den Menschen befähigen, seine Handlungsgrenzen hinauszuschieben und sich Mittel zu beschaffen, über seine natürlichen Grenzen und zur Verfügung stehenden Mittel hinaus tätig zu werden. Und wir betrachteten bislang den Handelnden als Anbieter, Unternehmer, Gesellschafter, Vertretenen und Forderungsinhaber.

Ein gleiches gilt nun für den Schuldner oder Gegner einer Forderung. Auch diese Seite sei kurz gestreift.

Anweisung

Um bei der Forderung zu bleiben: Auch der Schuldner kann sich entlasten, ohne den geschuldeten Gegenstand leisten zu müssen.

Stehen ihm selber Ansprüche gegen den Gläubiger zu, kann er, falls diese Ansprüche mit denen des Gläubigers gleichartig und verbunden sowie fällig sind, aufrechnen, § 387 BGB.

Er kann aber auch, statt bar zu zahlen, seine Schuld mit Namens- oder Orderpapieren tilgen. Er kann zum Beispiel eine Anweisung ausstellen und sie dem Gläubiger an Erfüllung statt übergeben. Zahlt der Angewiesene an den die Anweisung innehabenden Gläubiger, etwa dem Verkäufer, so erlischt die Schuld. Die Anweisung weist einen namentlich Genannten zur Zahlung an den Anweisungsempfänger an. Dieser kann die Zahlung im eigenen Namen fordern, und durch die Zahlung des Angewiesenen an den Empfänger entledigt sich der Anweisende seiner Schuld, die selber zum Handelsgegenstand wird. Denn gleichwie der Gläubiger seine Forderung übertragen kann, so kann auch die Anweisung übertragen werden. Sie ist losgelöst vom Grundverhältnis wie die Abtretung; wird die Abtretung auf dem Papier selber vermerkt, nähern wir uns dem Orderpapier. So kann etwa die Anweisung auf einen Kaufmann über vertretbare Sachen ohne Gegenleistung durch Abtretungserklärung (Indossament, vgl. französisch dos = Rücken = Erklärung auf der Rückseite) auf den neuen Erwerber übertragen werden, wenn die Übertragung auf Anweisung durch ihn (Order) vorgesehen ist, § 363 HGB.

Orderpapiere

Die bekanntesten Orderpapiere sind Scheck und Wechsel. Durch Ausstellung des Wechsels verpflichtet sich der Schuldner an den Gläubiger oder den von diesem Benannten die Wechselsumme zu zahlen - gleichviel, worauf die Begebung des Wechsels beruht.

Der Wechsel ist rechtsgeschichtlich älter als das Zentralgeld. Er galt früh international und gelangte schon im Handel der oberitalienischen Städte zur Blüte. Er ist geschaffenes Geld, Buchgeld, Kredit. Denn einmal zahlt der Schuldner bargeldlos. Zum anderen kann der Gläubiger den Wechsel sofort weitergeben und sich Bargeld verschaffen, desgleichen der neue Wechselinhaber und so fort, soweit die Kette der Indossaments reicht. Für die Wechselschuld haften neben dem Aussteller alle Inhaber, die aus den Indossaments ersichtlich sind.

Der letzte Inhaber kann sich also an mehrere halten, unter denen er wählen kann. Letzte Inhaber sind meist Banken, die den Wechsel diskontieren, das heißt abzüglich des Diskontsatzes kaufen. Sie geben ihn zumeist an die Bundesbank, die den Wechsel rediskontiert. Die Banken gewähren auch Kredit, indem sie einen auf sie gezogenen Wechsel akzeptieren, den der Aussteller dann in Zahlung gibt (Akzeptwechsel).

Da der Wechsel Zahlungs- wie Kreditbeschaffungsmittel in einem ist, erfreute und erfreut er sich großer Beliebtheit. Schecks, kraft denen der Bezogene - heute fast nur Banken - verpflichtet wird, dem Inhaber einen bestimmten Betrag zu zahlen, können auch als Verrechnungsschecks ausgestellt werden. Hier ist, was beim Wechsel unmöglich, Barzahlung verboten. Schecks werden von beiden Seiten des Verkehrs - Schuldner und Gläubiger, Nachfrager und Anbieter, Arbeiter und Unternehmer - ausgestellt. Wechsel dagegen fast nur von Unternehmern.

Halten wir die Rolle am Markt fest, und fragen wir mit Rückblick auf die Zusammenschlüsse: Welche sind die typischen Zusammenschlüsse von Eignern/Unternehmern/Anbietern, welche die von Schuldnern/Arbeitern/Nachfragern? Wir können antworten: Konzerne in der Hand der Erwerber und Anbieter, Genossenschaften in der Hand der Versorger und Nachfrager. Wir bleiben erst auf der Nachfragerseite. Danach werden wir Gang und Wirken der Konzerne andeutungsweise kennenlernen.

Genossenschaften

Der uralte deutsche Genossenschaftsgedanke trägt sich von den altgermanischen Mark- und Deichgenossenschaften bis ins Genossenschaftsgesetz v. 1. 5. 1889 fort. Im Gegensatz zu römischrechtlich geprägten Verbänden, die im Grunde auf Vermögensbeziehungen beruhten und weiter beruhen, gründet sich die Genossenschaft auf unmittelbar persönliche Beziehungen der Genossen unter sich. Die Genossenschaft sucht vor dem Flächenfraß des Liberalismus zu retten, was zu retten ist - leider, wie wir heute sehen, mit geringem Erfolg. Dennoch verdient das auch in ökologischer Hinsicht tragfähige Prinzip Beachtung: Selbsthilfe und Selbstverwaltung in Zusammenarbeit Gleichgestellter.

Gerade wegen mißlungener Großversuche mit Genossenschaften, wie dem der Neuen Heimat, die von Anfang an ein Konzern unter dem Schleier der Genossenschaft war, und angesichts dezentraler, entflechteter Wirtschafts- und Erfindungsweisen verdient das Genossenschaftswesen unsere Aufmerksamkeit: Sicherte es einst die Lebensweise der von den Großgrundbesitzern und Konzernen bedrängten Bauern, Arbeiter, Verbraucher und Mieter durch Bildung von ländlichen Versorgungs- und Wohnungsgenossenschaften, so sichert heute genossenschaftlich-solidarisches Leben und Handeln den Lebensraum gegen etwa Vernichtung der Scholle, auf der wir hausen, Großkonzerne und Miet-Haie.

Trotz des Rückschlags durch den Nationalsozialismus, der alles Gewachsene und Gewordene sich dienstbar machte, und trotz der Gefräßigkeit der Konzerne weist und wies das Genossenschaftswesen in eine bessere Zukunft.

Zur rechtlichen Ausgestaltung scheint mir bezeichnend, daß § 1 des Genossenschaftsgesetzes vom Mai 1889 bis heute unverändert blieb: Genossenschaften fördern den Erwerb oder die Wirtschaft ihrer Mitglieder als: Vorschuß- und Kreditvereine; Rohstoff-, Absatz-, Vorrats-, Erzeugungs-, Verbrauchs-, Nutzungs- und Wohnverbände. Sie können zu diesen Zwecken anderen Förder- und gemeinnützigen Zusammenschlüssen beitreten; § 1 GenG. Die Genossenschaft, eine »Gesellschaft von nicht geschlossener Mitgliederzahl« wird als eG (= eingetragene Genossenschaft) ins Genossenschaftsregister eingetragen, braucht es aber nicht. Sie kann als Handelsgesellschaft ins Handelsregister eingetragen werden, sofern sie den § 1 GenG erfüllt.

Immer aber hat die Genossenschaft ihre Mitglieder zu fördern und bestimmt ihre Geschicke gemäß dem Prinzip: ein Mann - eine Stimme; § 43 GenG, das nur in engen, satzungsgemäß bestimmten Grenzen durch das Mehrstimmrecht abgelöst werden kann, wobei kein Genosse mehr als drei Stimmen auf sich vereinen darf.

Dem Förderprinzip entspricht, daß die Genossenschaft keinen bleibenden Gewinn für sich erzielen darf, um den Genossen nachhaltigst voranzuhelfen. Die förderwirtschaftliche Grundausrichtung unterscheidet die Genossenschaft von anderen Zusammenschlüssen, obgleich sie in der Funktions- und Aufgabenteilung einer AG oder GmbH gleichen mag: Vorstand, der grundsätzlich, aber dies ist abdingbar, nur gemeinschaftlich die Genossenschaft vertritt, dem die Geschäftsführung obliegt und der die jährliche Gewinn- und Verlustrechnung vorzulegen hat, Aufsichtsrat und Generalversammlung, gegebenenfalls bei einer Mitgliederzahl von über 1500 Vertreterversammlung.

Die Genossenschaft muß einem Prüfungsverband angehören, der regelmäßig die Rechtsform eines eingetragenen Vereins hat. 1983 bestanden für gewerbliche, ländliche, Konsum- und Wohnungsbaugenossenschaften bundesweit 40 Prüfungsverbände.

Konzerne

Im scharfen Gegensatz zu den Genossenschaften stehen die Konzerne, die oft bedeutender sind als Staaten und die weitestgehend unkontrolliert handeln.

Der Zusammenschluß von Unternehmen (nicht die innere Betriebsausweitung), die externe Unternehmenskonzentration, kann in allen Industriestaaten weltweit beobachtet werden. Er wirft erhebliche politische Probleme auf.

Zentralisierung meint Unterstellung unter die Staatsgewalt, etwa im Sowjetkommunismus die vorherrschende Form. Im Westen herrscht Konzentrierung vor. Vertikale Konzentrierung meint dabei den Zusammenschluß von Unternehmen unterschiedlicher Bereiche, etwa Lebensmittel und Rüstungsgüter. Bislang herrscht der horizontale Zusammenschluß vor. Die horizontale Konzernierung – Zusammenschluß mehrerer rechtlich selbständig bleibender Unternehmen unter einer neuen wirtschaftlichen Einheit – wird weltweit der Verschmelzung (Fusion) vorgezogen.

Neben steuerlichen Vorteilen spricht für die wirtschaftliche Beherrschung, daß schon wenige Anteile an einem breit verstreuten Aktien- oder Stammkapital zur Beherrschung von Mutter- und Tochterunternehmen genügen – ein Umstand, der es rechtspolitisch angeraten erscheinen läßt, die Aktionäre vor der Bevormundung durch Großaktionäre - meist Banken und Körperschaften des öffentlichen Rechts - zu schützen.

Das Gesetz gegen Wettbewerbsbeschränkungen (GWB) vom 4. 4. 1974 samt der Einrichtung des Bundeskartellamtes hat die Konzentrierung bislang nicht zu hemmen vermocht. Die Fusionskontrolle zum Beispiel kommt in etwa 0,2% der Fälle zu einer Untersagung des Zusammenschlusses gemäß §§ 24ff. GWB.

Das heißt: Unvermeidlicherweise wandeln sich immer mehr Märkte in Oligopole, das heißt in von wenigen Unternehmen beherrschte Konzern-Verwaltungszonen, oder gar in Monopole um. Hierbei leisten öffentliche Unternehmen, vor allem Banken, Schrittmacherdienste.

Heute sind dreiviertel aller bundesdeutschen AG's in irgendeiner Weise konzernverbunden. Das Leitbild des Aktiengesetzes, die große, selbständige Publikumsgesellschaft, ist zum Grenzfall geworden.

Zur Rechtfertigung wird angeführt, nur größere Zusammenschlüsse steigerten die Leistung (Produktivität = Ergiebigkeit der Arbeit je Stunde) und hielten mit den weltweit operierenden Mammutkonzernen wie Exxon, Shell, Philips, General Motors, Sony oder Honda mit.

Was Konzerne nicht alles leisten

Gerade in den letzten Jahren zeigte sich, daß oft kleinere bis mittlere Unternehmen den wissenschaftlich-technischen Fortschritt vorantrugen, Großkonzerne andererseits, obzwar oft mit Steuergeldern gepäppelt, ihn eher hemmten. Der Umsturz in der Erzeugung, durch Rechner und Chips bewirkt, hat auch die optimale Betriebsgröße beeinflußt. Sie tendiert in Richtung kleinerer Unternehmen. Nicht also Konzentration, sondern Wettbewerb fördert den technischen Fortschritt.

Produkt- und Markterweiterungszusammenschlüsse dagegen schalten den Wettbewerb fast zur Gänze aus. Sie vermindern die Zahl der Konkurrenten und erschweren dadurch, daß oft vom Rohstoff über andere Zulieferer und Verarbeiter bis zum Abnehmer alles in einer Hand liegt, Marktneulingen den Eintritt. Sie gestatten Dumpingpreise und ruinösen Wettbewerb.

Im Inneren der Konzerne nehmen Herrschaftsverhältnisse zu,

die in Form von Konzernverrechnungspreisen, Zwang zum Kredit ohne Gegenleistung oder Konzernumlagen den Markt außer Kraft setzen, wie auch durch fingierte Lizenz- und Beraterverträge.

Überhaupt sichert das Aktienrecht, das ursprünglich Gläubigerschutz anzielte, Markt und Verbraucher immer weniger gegen die Konzernherrschaft, sobald ein Aktionär - oft eine Großbank - entscheidenden Einfluß errang.

Unter der Herrschaft durch einen Aktionär wandeln sich oft Aufsichtsrat und Vorstand zu bloßen Vollzugsorganen, wird die Aktionärsversammlung dank Manipulationen durch Bilanzen und Tagesordnung seitens des Vorstands oft zum bloßen Claqueur. Besonders deutlich zeigt sich dies an der Holding-Gesellschaft, das ihr gesamtes Unternehmer-Vermögen in die Tochtergesellschaften eingebracht hat und nur noch als konkurrenzloser Verwalter wirkt, wie etwa die ehemalige Flick-Holding.

Juristisch umstritten war insbesondere die Wirksamkeit von Organschaftsverträgen (= Beherrschungs- und Gewinnabführungsverträgen), die nach § 256 AktG der Zustimmung der Hauptversammlung bedürfen. Heute werden Beherrschungsverträge als gültig betrachtet, wenn ihnen die Hauptversammlung mit satzungsändernder Mehrheit zugestimmt hat und wenn sie eine Dividendengarantie für außenstehende Aktionäre vorsehen. Zur Verflechtung und Konzernierung trug auch das Steuerrecht bei, vor allem das sogenannte Schachtelprivileg des Körperschaftssteuergesetzes von 1975, das indessen 1977 beseitigt worden ist, das aber enorm zur Konzentration dadurch beigetragen hatte, daß es die schon erwähnte Doppelbesteuerung (Körperschafts- und Einkommensteuer) für Kapitalgesellschaften nur dann ausschloß, wenn die Einkommen beziehende Korporation an der Einkommen ausschüttenden zu mindestens 25% beteiligt war - ein Anreiz selbstredend für möglichst starke Konzentration.

Immer aber noch begünstigt das Steuerrecht die Organschaft der Vertragskonzerne stark, leistet dem Zusammenschluß Vorschub und verteuert letztendlich die Erzeugnisse der Konzern (Volker Emmerich/Jürgen Sonnenschein: Konzernrecht. 2. Auflage, München 1977).

Grundlagen des Fernhandels

Der Erweiterung des Handlungsbereichs des einzelnen ging eine gewaltige Anstrengung seitens der meist fürstlich verwalteten Gemeinwesen voran: der Kameralismus oder bei den Seemächten England/Holland: der Merkantilismus. Beide meinen: Die Organisationskosten des Kapitals werden vom Staat übernommen: Ausbau und Sicherung der Verkehrswege, was etwa die Hanse noch selber schaffen mußte; Währungseinheit oder -eintauschbarkeit, was früher dem meist jüdischen Stand der Geldwechsler oblag. Vor allem: Unterbewertung der Inlandswährung, in der Nachkriegswelt etwa des japanischen Yen und der Deutschen Mark, was diesen beiden Ländern zu einer starken Weltmarktstellung verhalf, verbilligten doch der billige Yen und die billige DM die Ausfuhren auf Kosten des Inlands-Lebensstandards der Untertanen.

Unsere fürstlich veranstaltete Außenhandelspolitik rührt von der fürstlichen Flächenherrschaft und dem Untergang der Stadtfreiheit her. Wo diese verloren war, walteten dank der Entfaltung der Produktivkräfte Markt/Boden erst Fürsten- und dann Unternehmer-Freiheit.

Mußten indes die Fürsten die Organisationskosten für einen Freihandel noch ihren Untertanen abpressen, so sahen sich die Unternehmer schon durch den Staat vorfinanziert. Sie ersparten sich Straßen und Schutzflotten für Handelsschiffe, Sicherungsposten an Handelswegen und gingen unmittelbar zum Geschäft über. Dem half ein abstraktes Austauschrecht. Das erkannten Leute wie Karl Marx, Eugen Paschukanis, Anton Menger und Max Weber: Vom magischen Wirkungszusammenhang (archaisches Recht) über herkömmliche Normen (traditionelles Recht) bis zur vorausgesetzten vertraglichen Übereinkunft (autonomes Recht) neigt sich auf dieser Stufe das Recht des Fernhandels einem universellen Weltrecht zu – dem Markte folgend, der schließlich zum Weltmarkt wird.

Gesetzliche Schuldverhältnisse und Internationales Privatrecht

Wir beenden das Recht des Waren- und Rechtsverkehrs mit einem Ausgriff auf zwei Rechtsfiguren, der ungerechtfertigten Bereicherung, §§ 812ff. BGB und der unerlaubten Handlungen, §§ 823ff. BGB. Wer etwas ohne Rechtsgrund erlangt, muß es an den herausgeben, dem es zusteht, etwa fälschlich gezahlte Rechnungsbeträge, Leistungen nach Anfechtung, etwa wegen Irrtums oder Täuschung, welche das angefochtene Rechtsverhältnis von Anfang an unwirksam werden läßt; § 142 BGB. Diese Rechtsfigur ist dem Abstraktionsprinzip gemäß ausgestaltet. Sie geht uns hier weiter nichts an.

Im Rechtsleben spielen unerlaubte Handlungen, oft Straftaten, eine große Rolle. § 823 schreibt vor: Wer einen anderen rechtswidrig und schuldhaft an Körper, Gesundheit oder Eigentum schädigt, hat dem Geschädigten Schadensersatz zu leisten.

Nehmen wir das Beispiel Tschernobyl und streifen wir anläßlich dessen kurz das Internationale Privatrecht (IPR): Nach § 823 BGB wäre der Betreiber eines Kraftwerks, das durch Strahlenausschüttung Leben und Gesundheit vernichtet, haftbar, sofern er schuldhaft und rechtswidrig handelte, was wohl im Fall Tschernobyl vorliegt; hier sehen wir von der Gefährdungshaftung nach dem Atomgesetz ab. Bei solchen grenzüberschreitenden Handlungen gilt gemäß der sich am § 12 des Einführungsgesetzes zum BGB rankenden Rechtsprechung 1. das Tatortrecht *(ius loci criminis commissi),* 2. die öffentliche Ordnung des Tatortes, bevor das inländische Recht gilt; ein Abkommen bezüglich Strahlenschäden hat die UdSSR nicht geschlossen.

In Tschernobyl gelten entweder je nach Betreibersitz das Bürgerliche Gesetzbuch der Ukraine oder das Zivilgesetzbuch der Russischen Föderativen Sowjetrepublik, einer der 15 Bundesstaaten der UdSSR.

Soweit ich sehe, schreibt das ukrainische ZGB ähnlich wie das Großrussische Gesetzbuch (Art. 444 ZBG RSFSR) vor: »Der Schaden, der der Person oder dem Vermögen eines Bürgers zugefügt wird, sowie der der einer Organisation zugefügte Schaden wird in vollem Umfang von dem ersetzt, welcher den Schaden zugefügt hat. Der zugefügte Schaden wird nicht ersetzt, wenn der Verursacher beweist, daß er den Schaden nicht verschuldet hat. Ein gesetzesgemäß zugefügter Schaden wird nur in den dafür vorgesehenen Fällen ersetzt.«

Offenbar ist die russische Haftungsnorm stärker als § 823 BGB, vermutet sie doch zu Lasten des Schädigers Verschulden, welches das deutsche BGB dem Kläger nachzuweisen auferlegt.

Demgemäß verpflichtet ist auch ein Verbund, eine Einrichtung: »Eine Organisation hat den Schaden zu ersetzen, der durch Schuld ihrer Mitarbeiter bei Erfüllung ihrer Arbeits- und Dienstpflichten entstand«; Art. 445 ZGB RSFSR vom 11. 6. 1964. Daß der Direktor und der leitende Ingenieur zu Tschernobyl schuldig sind, bezeugt deren Entlassung.

Diese Schadensersatzpflicht trifft auch Staatseinrichtungen gemäß Art. 446 Abs. 1 ZGB RSFSR, zu der das Kernkraftwerk Tschernobyl zählt, sofern keine speziellen Vorschriften bestehen. Und die sind nicht bekannt. Folglich haftet die UdSSR als Bund oder Land für Schäden, die durch die Kernschmelze in Tschernobyl den Deutschen entstanden sind. Gerichtsstand ist der Sitz des Beklagten und Betreibers, also Tschernobyl, Kiew oder Moskau, je nachdem, in welcher Trägerschaft das Kernkraftwerk stand. Da das Werk auch Plutonium ausbrüten kann, also den giftigsten Stoff, den wir kennen, der für Kernwaffen unentbehrlich ist, nehme ich an, daß Tschernobyl in Regie des Bundes steht, so daß dann der geeignete Beklagte die Sowjetregierung ist. Die allerdings wird sich hinter ihrer Immunität verschanzen, so daß da wenig zu holen sein wird - übrigens auch nicht bei den Franzosen, wenn Cattenom hochgeht.

Haben

Das 3. Buch des BGB regelt das Sachenrecht. Dingliche Rechte wirken für und gegen alle. Sie sind absolut im Gegensatz zu den relativen Schuldrechten. An Sachgesamtheiten wie Vermögen können keine dinglichen Rechte bestehen. Auf daß sie jedem erkennbar seien, müssen sie offenkundig sein. Daher werden Rechte an unbeweglichen Sachen ins Grundbuch eingetragen. Der Kreis der dinglichen Rechte ist beschränkt.

Eigentum

Eigentum ist das umfassendste Recht. Ohne Eigentum keine Sachenordnung.

Das Eigentum ist im 3. Buch des BGB geradezu liebevoll ausgeschmückt. Es kann erworben werden, durch Zuwachs oder Erbschaft entstehen, kann aufgegeben und belastet werden. Es ist so liebevoll ausgeschmückt wie die Forderung, der Anspruch im schuldrechtlichen Teil. Denn Eigentum und Anspruch sind scharfe Waffen dessen, der hat, und wo nichts ist, kann man nichts regeln.

Der Eigentümer kann vom Besitzer die Herausgabe der Sache verlangen, *vindicatio,* § 903 BGB. Es sei denn - wir erinnern uns an die Notwehr: Du sollst nicht töten, es sei denn - der Besitzer besitze die Sache zu Recht, etwa der Mieter die gemietete Wohnung. Die Architektur des BGB ist die von Regel und Ausnahme. Regel: Der Eigentümer besitzt die ihm gehörende Sache. Ausnahme: Ein anderer besitzt sie, das heißt hat das tatsächliche Herrschaftsverhältnis über sie. Zu Recht? Darüber entscheidet die schuldrechtliche Verpflichtung oder sachenrechtliche Verfügungsmacht des Besitzers. Wir wiederholen:

Das BGB, insofern ein Unikum in der Welt, unterscheidet zwischen der *schuld*rechtlichen Verpflichtung und der *sachen*rechtlichen Verfügung: Eigentumsübertragung, Belastung und Aufgeben ist immer eine Verfügung. Der Kauf begründet die Verpflichtung des Verkäufers, die Verfügung vorzunehmen, dem Käufer das Eigentum an der gekauften Sache zu verschaffen. Durch den Kauf allein wird der Käufer nicht Eigentümer. Es bedarf hierzu der dinglichen Verfügung etwa durch Übertragung oder Abtretung des Herausgabeanspruchs.

Wozu diese verzwickte Konstruktion?

Sicherlich nur entsponnen aus der Konstruktionswut der Pandektisten vor allem der Laune eines Herrn Savigny, gegen den volksnahe Leute wie von Gierke vergeblich anfochten. Recht gegen von Gierke behielt Savigny. Denn der abstrakte Weltmarkt brauchte abstrakte Gesetze. Nur die Linie Verfügung - Verpflichtung war ein Umweg. Keiner weiß, wieso diese Trennung Verpflichtung/Verfügung. Nur hat sie eine unbestreitbare Eleganz. Ein Spiel also nur von in Begriffen verliebter Experten? Mit großer Sicherheit: Ja. Jedenfalls läßt sich die ökonomische Funktion dieser Trennung kaum angeben, allenfalls die pädagogische. Denn diese Trennung verdeckt eine andere, die sozial viel wesentlicher ist, die aber juristisch unterblieb:

In bewußter Verkennung der sozialen Wirklichkeit unterscheidet das BGB nicht Produktiv- und Gebrauchsvermögen; Eigentum zwecks Gewinnerwirtschaftung und Eigentum zum Gebrauch, sondern etwa bewegliche und unbewegliche Sachen, im Haftungsrecht z.B. Grund- und andere Pfandrechte an beweglichen Sachen. Wieso? Wohl weil Grundvermögen mit besonderer Ehrfurcht angesprochen wurde. Der wirtschaftliche Unterschied zwischen Gebrauchs- und Erwerbseigentum jedenfalls schlägt sich juristisch nicht nieder.

Reiner Zufall? Oder solidarisiert der allgemeine Eigentumsbegriff nicht den »größten Scheich« mit dem »kleinsten Krauter«? Ganz sicher hat das Recht eine erzieherische Aufgabe, was die Kommunisten, hierin ehrlicher als wir, offen zugeben. Denn Grundeigentum beruhigt. Zum Beispiel diente das Reichsheimstättengesetz von 1919, das den geschlagenen Soldaten und verarmten Arbeitern Eigentumskrumen hinwarf, der Zufriedenstellung der Massen. Das wurde auch bei den Lesungen im Reichstag offen eingeräumt.

Eigentum verpflichtet nämlich in unterschiedlicher Weise: den Erwerbseigentümer zur Gewinnerzielung und den Gebrauchseigentümer zur Verwendung der Sache; als ob er dazu auch noch verpflichtet werden müßte! Dann könnte das Grundgesetz auch vorschreiben, daß jeder, der ißt, zur Verdauung verpflichtet ist.

Besitz

Der rechtmäßige Besitz beruht auf Vertrag oder Eigentum oder einem sonstigen dinglichen Recht. Was im Umgangsdeutsch »Hausbesitzer« genannt wird, ist meist der Eigentümer.

Der Besitz geht auf den Erben über. Wird der Besitz rechtswidrig dem Besitzer entzogen (verbotene Eigenmacht), so kann der Besitzer Wiedereinräumung des Besitzes verlangen; vgl. §§ 854ff. BGB.

Die Ansprüche aus Besitz gründen sich auf die schlichte Tatsache des Besitzes. Sie sind keine dinglichen Ansprüche im eigentlichen Sinn, sondern gehen von der Annahme aus, daß der, der etwas besitzt, auch der Eigentümer sei, jedenfalls bei beweglichen Sachen, § 1006. Bei Grundstücken ist der Eintrag ins Grundbuch maßgebend.

Kreis der dinglichen Rechte

Der Eigentümer kann einem anderen das Recht einräumen, auf oder unter der Oberfläche seines Grundstücks ein Baurecht für einige Zeit (meist 99 Jahre) zu haben; vgl. ErbbaurechtsVO v. 15. 1. 1919.

Wir unterscheiden beim Pfandbegriff wiederum Grundpfandrechte wie Hypothek und Grundschuld von Pfand an beweglichen Sachen. Die Hypothek ist in ihrem Bestand an eine Forderung geknüpft; sie ist akzessorisch, die Grundschuld nicht. Verglichen werden kann die Hypothek (»Hypothek« ist eines der wenigen Grundwörter im BGB) mit dem Schuldanerkenntnis, die Grundschuld mit dem Schuldversprechen; §§ 780, 781 BGB. Das Schuldversprechen besteht unabhängig vom Anspruch, der ihm möglicherweise zugrunde liegt. Das Anerkenntnis hängt wie die Hypothek von der Forderung ab.

Die Pfandrechte dienen der Erweiterung der Kreditbasis. Sie haften für Schulden neben dem persönlichen Schuldner oder anstelle des persönlichen Schuldners.

Grundstücke und bewegliche Sachen können also nicht nur gehandelt, sondern auch belastet werden, was der Sicherheit des Verkehrs dient.

Grunddienstbarkeiten wie Wegerechte können zugunsten des Eigentümers eines Grundstückes (herrschendes Grundstück) auf dem belasteten Grundstück eingetragen werden, Dienstbarkeiten aber auch zugunsten einer Person; §§ 1018–1029. Zu den Dienstbarkeiten zählt auch das Wohnrecht; § 1093 BGB. Kraft einer Reallast kann der Berechtigte wiederkehrende Leistungen aus dem Grundstück verlangen; §§ 1105 ff. BGB.

Der Nießbrauch kann an Sachen, an Rechten und auch an Vermögen bestehen, an Vermögen aber nur so, daß die einzelnen Gegenstände (= Sachen und Rechte) dem Nießbraucher übertragen werden; § 1085. Er ist neben dem Erbbaurecht das umfassendste der dinglichen Nutzungsrechte.

Wer beim Verkauf eines Grundstücks zu Vorkauf berechtigt ist, muß gleichfalls ins Grundbuch eingetragen werden; der Vorkaufsberechtigte kann auch der jeweilige Eigentümer eines anderen Grundstücks sein; § 1094 BGB.

Mit diesen Rechten ist der Kreis der dinglichen Rechte geschlossen. Andere gibt es nicht. Das Sachenrecht ist geschlossen;

es ist ius stictum, strenges Gesetz, das kaum auslegbare Grundnormen kennt wie Treu und Glauben im Recht der Willenserklärungen, oder die eheliche Lebensgemeinschaft im Eherecht; §§ 242, 1353 BGB. Ein Gleiches gilt für den Erwerb:

Die Übergabe, das heißt die Besitzeinräumung und die Einigung über den Übergang des Eigentums, ist die häufigste Weise der Eigentumsverschaffung; bei Grundstücken muß sie eingetragen werden.

Das Eigentum erwerben kann man aber auch durch Abtretung des Herausgabeanspruchs, durch Fund, Verbindung/Vermischung, Verarbeitung; Ersitzung (bei einer beweglichen Sache 10 Jahre Eigenbesitz) und Erwerb von Früchten und Erzeugnissen einer Sache, an der ein Nutzungsrecht besteht, sowie durch Aneignung einer herrenlosen, das heißt vom Verfügungsberechtigten aufgegebenen Sache oder an wilden Tieren, an denen allenfalls ein Jagdrecht bestehen kann. Wer das bricht, wildert. Er stiehlt aber nicht. Der Eigentümer einer Sache kann mit ihr nach Belieben verfahren, soweit nicht das Gesetz oder Rechte Dritter dem entgegenstehen; für Einwirkungen (Immissionen) ist die Ortsüblichkeit maßgebend; §§ 903, 906 BGB.

Dies ist in dürren Worten die gesamte Eigentumsordnung des BGB - rechtstechnisch eine Meisterleistung, die von der Türkei, Korea, Rußland und China mit mehr oder geringen Abwandlungen übernommen wurde.

In seinem Hang zur Vollkommenheit erweist sich - ganz nach dem Vorbild des Sachsenspiegels (»Die Biene ist ein wilder Wurm«) - unser BGB als teilweise possierlich: »Ist ein Bienenschwarm in eine fremde besetzte Bienenwohnung eingezogen, so erstrecken sich das Eigentum und die sonstigen Rechte an den Bienen, mit denen die Wohnung besetzt war, auf den eingezogenen Schwarm«; § 964 Satz 1 BGB. Der ausgezogene Bienenschwarm, den der Eigentümer nicht unverzüglich verfolgt, wird herrenlos.

Possierlich ist auch die Formulierung im § 919 Abs. 1 BGB, wonach ein Eigentümer vom Nachbarn Wiederherstellung verlangen darf, wenn »ein Grenzzeichen verrückt oder unkenntlich geworden ist«.

Bedauerlich eigentlich, daß wir für alles Fachleute haben, aber noch keinen Fachanwalt für verrückt gewordene Grenzzeichen.

Erben

Vermögen, erbrechtlich: der Nachlaß wird mit Schulden und Vorteilen dem Erben übertragen. Übertragungsfall ist der Tod des Nachlassers oder der Erbfall. An den Nachlaß gibt es dingliche Ansprüche und schuldrechtliche wie etwa aus Vermächtnis oder Pflichtteil. Bevor wir die Einzelheiten skizzieren, halten wir uns beim Phänomen der Erbschaft überhaupt auf.

Nehmen wir einmal das Beispiel des indianischen Potlach. Dieses System bedeutet die Umverteilung des Erworbenen durch ein mindestens gleichwertiges Geschenk, auf daß der Beschenkte nicht beschämt werde.

Auf die Gemeinschaft bezogen, heißt das: Es war und ist in einigen Stämmen üblich, zur Herbstfestzeit, wenn die Hütten gefüllt sind mit Fleisch und Nüssen, den Zugewinn zu verteilen. Derjenige, der am erfolgreichsten jagte/säte/pflückte, gibt ein Fest, nach dem er so arm oder reich wird wie die Stammesgenossen. Vermögensmassierungen und damit Produktivität werden sicherlich so ausgeschlossen. Dagegen wird der soziale Zusammenhalt gewahrt. Unser Erbrecht andererseits legt Wert auf Weitergabe von Vermögensanhäufungen: Fördert das Schuldrecht den Austausch, so das Erbrecht die Bildung von Vermögensmassen.

Man konnte früher Boden und Leute als dem jeweiligen Grundherrn gehörende Herrschaft betrachten und auch vererben. Heute sind Menschen keine Nachlaßgegenstände mehr, wohl aber Grund und Boden sowie Sachen, Ansprüche und Schulden. Großes, unverdientes Vermögen, wie das derer, den der Regensburger Volksmund die von Tut- und Taugtnix nennt, kann sozial ein Ärgernis darstellen, fällt es im Erbgang in die falschen Hände, woran auch die Erbschaftssteuer wenig ändert, läßt sie sich doch gesellschaftsrechtlich unterlaufen.

Das Erbrecht folgt aus der Grundentscheidung des BGB für Freiheit und Eigentum und gegen soziale Umverteilung. Es wird wie das Eigentum gewährleistet; Art. 14 Abs. 1 GG. Ganz im Gegensatz zu den sozialistischen Ländern und ohne Rücksicht auf seine soziale Funktion behandelt das BGB das Produktivvermögen wie das persönliche Vermögen. Es kennt persönliches Eigentum auch an gewaltigen Produktivvermögen, die sozial zugleich Machtballungen bedeuten.

Zeitgemäßer ist da Art. 15 GG, der vorsieht, daß »Grund und Boden, Naturschätze und Produktionsmittel« zu Gemeineigentum vergesellschaftet werden können. Auch andere Formen vergesellschafteten Eigentums, vor allem Stiftungen, wären hier denkbar, die in den Niederlanden und den USA oft fruchtbringender wirken als etwa Vermögen in der Hand des letzten Krupp.

Gewillkürte Erbfolge

Die Erbfolge beruht auf dem Willen des Erblassers (gewillkürte Erbfolge) oder auf Gesetz (gesetzliche Erbfolge), das ersatzweise eingreift, wenn der Erblasser keine letztwillige Verfügung hinterließ.

In Anbetracht dessen mutet die Stoffanordnung im Erbrecht systemwidrig an, stellt das 5. Buch des BGB doch die gesetzliche Erbfolge, §§ 1922–1935, der gewillkürten voran; §§ 2064–2302 BGB.

In jedem Falle geht das Vermögen einer Person bei deren Tode als ganzes, das heißt auch mit allen Verbindlichkeiten, auf eine oder mehrere andere Personen über. Mehrere Erben teilen sich den Nachlaß (= die Erbschaft) nach Erbteilen.

Wer über 16 Jahre alt ist, kann ein Testament hinterlassen. Der Testierende kann seine Erklärungen vor dem Notar abgeben, der sie dann niederlegt, oder sie eigenhändig anfertigen; § 2231; im Notfall kann er sie auch vor dem Bürgermeister der Gemeinde, in der er sich aufhält, abgeben (Nottestament; § 2249 BGB).

Das Testament kann durch Testament widerrufen werden. Auf Verlangen des Erblassers verwahren die Amtsgerichte das Testament. Das Amtsgericht als Nachlaßgericht eröffnet das Testament, sobald es vom Tode des Erblassers erfährt.

Gatten können ein gemeinschaftliches Testament errichten. Beliebt ist das »Berliner Testament«: Hier setzen sich die Gatten wechselseitig zu Erben ein und bestimmen, daß nach dem Tode des Überlebenden ein Dritter Erbe wird, der dann als Erbe allein des Letztverstorbenen gilt; § 2269 BGB.

Erbe kann man auch anders werden, etwa durch Erbvertrag. Dieser enthält wie auch Testament Erbeinsetzungen oder Vermächtnisse (= schuldrechtliche Ansprüche des Bedachten an den Nachlaß) oder Auflagen.

Sofern die Vertragschließenden wechselseitige, das heißt voneinander abhängige Verfügungen getroffen haben, zieht die Nichtigkeit einer Verfügung die Unwirksamkeit des ganzen Vertrages nach sich; §§ 2274, 2298 BGB.

Für das Testament hält das BGB eine Reihe von Auslegungsregeln bereit, die hier besonders nötig sind, weil der Erblasser ja nicht mehr sagen kann, was er meinte. Sind zum Beispiel mehrere Bedachte ungenau bezeichnet, so erben sie zu gleichen Teilen; § 2073 BGB.

Das Testament kann von demjenigen, dem die Unwirksamkeit zum Vorteil gereichte, wegen Irrtums des Erblassers oder weil dieser bedroht wurde, angefochten werden, desgleichen dann, wenn ein Pflichtteilsberechtigter, von dem der Erblasser nichts wußte, übergangen wurde; §§ 2078–2080 BGB.

Im Gegensatz zur Anfechtung von Willenserklärungen, die Schadensersatzpflichten gegenüber dem nachsichziehen, der im Vertrauen auf die Gültigkeit der Erklärung ihn schädigende Handlungen vorgenommen hat, besteht bei Anfechtung eines Testaments keine solche Ersatzpflicht. Es können Vor- und Nacherben eingesetzt werden, deren Beziehung eingehend geregelt ist; §§ 2100–2146 BGB, sowie Ersatzerben, die an die Stelle des »weggefallenen« Erben treten; § 2096.

Vermächtnis, Auflage

Auf Grund eines Vermächtnisses kann der Bedachte vom Beschwerten die Leistung des vermachten Gegenstandes fordern. Gegenstände sind Sachen und Rechte. Der Bedachte wird nicht Erbe; er hat als Vermächtnisnehmer nur einen Anspruch auf Leistung; §§ 1939, 2174.

Beschwert der Erblasser den Erben oder Vermächtnisnehmer mit einer Pflicht, ohne für den Begünstigten ein Recht begründen zu wollen, so können die Erben sowie derjenige die Vollziehung der Auflage verlangen, dem der Wegfall des Zunächstbeschwerten unmittelbar zustatten käme; dies deswegen, weil der mit einem Vermächtnis Zweitbeschwerte beim Wegfall des Erstbeschwerten die Auflage zu vollziehen hätte; §§ 2161, 2194 BGB.

Oft übersehen Laien, daß sie nicht bestimmte Gegenstände erben können. Das BGB kennt das Prinzip der Gesamtnachfolge. Bestimmte Gegenstände können dem Bedachten nur durch Vermächtnis oder Auflage zugesprochen werden. Erben können sie nur den Gesamtnachlaß oder - als Miterben - einen zahlenmäßigen Anteil, nicht aber bestimmte Gegenstände (kein Vindicationslegat).

Verschenkt ein Erblasser etwas für den Fall seines Todes, so wird die Schenkung als Vermächtnis behandelt.

Gesetzliche Vermächtnisse sind die Pflicht des Erben, den im Hausstand des Erblassers lebenden und von ihm unterhaltenen Angehörigen in den ersten 30 Tagen nach dem Erbfall den Unterhalt zu zahlen und die Nutzung der Wohnung zu überlassen (»Dreißigster«) sowie die Pflicht, dem überlebenden Ehegatten die Haushaltsgegenstände herauszugeben (»Voraus«); §§ 1969, 1932 BGB.

Soll ein Erbschaftsgegenstand nicht dem eingesetzten Erben zufallen, so gilt er als dem gesetzlichen Erben vermacht.

Pflichtteil

Eine Art Vermächtnis ist auch der Pflichtteil. Er steht den Abkömmlingen, den Eltern und Ehegatten des Erblassers zu, die von der Erbfolge ausgeschlossen sind.

Demgemäß sind Enkel gegenüber Großeltern pflichtteilsberechtigt, nicht aber umgekehrt. Eine Art Vermächtnis ist schließlich der Erbersatzanspruch unehelicher Kinder und deren Abkömmlinge gegen den Vater und dessen Verwandten. Denselben Anspruch haben der Kindesvater und dessen Abkömmlinge beim Tod des Unehelichen gegen dessen Erben. Der Erbersatzanspruch geht auf die Höhe des gesetzlichen Erbteils, der Pflichtteilsanspruch auf die Hälfte; §§ 1934a ff., 2303 ff. BGB.

Erkennbarer Sinn des Pflichtteils- und Erbersatzanspruchs ist es, die als natürlich erachtete Vermögensnachfolge, die ausgeschlossen wird, in abgeschwächter Form eintreten zu lassen. Der Pflichtteil kann entzogen werden, wenn Abkömmlinge oder Eltern dem Erblasser nach dem Leben trachteten oder ein sonstiges Verbrechen gegen den Erblasser und dessen Gatten begangen, böswillig die Unterhaltspflicht verletzten oder »einen ehrlosen oder unsittlichen Lebenswandel wider dem Willen des Erblassers« führen; §§ 2333, 2334 BGB.

Der Pflichtteilsanspruch entfällt also, ähnlich wie der Unterhaltsanspruch entfällt oder eingeschränkt wird, § 1611 BGB, nur unter sehr eng gefaßten Bedingungen: bei Verbrechen, Verletzung der Unterhaltspflicht oder sonstigen schweren sittlichen Verfehlungen.

Doch während die Unterhaltspflicht gegenüber minderjährigen unverheirateten Kindern fortbesteht und der Unterhalt eingeschränkt werden kann, entfällt wegen der im Erbrecht erforderten vermögensmäßigen Klarheit der Pflichtteil ganz oder gar nicht.

An ähnlich schwere Verfehlungen ist die Erbunwürdigkeit geknüpft, § 2339, die von demjenigen, dem der Fortfall des Erbunwürdigen zustatten käme, durch Anfechtung des Erbschaftserwerbs geltend gemacht werden kann. Anfechtungsrecht und Pflichtteilsentzug erlöschen durch Verzeihung, §§ 2337, 2343 BGB - einer Rechtsfigur, die früher auch bei der Scheidung wegen Verschuldens eine große Rolle spielte, und die in fast jedem Scheidungsprozeß den Richter die Frage nach dem letzten Geschlechtsverkehr der Gatten stellen ließ.

Im BGB finden sich viele Verweisungen, so verweist die gewillkürte Erbfolge auf die gesetzliche. Wie sieht nun die aus?

Gesetzliche Erbfolge

Zunächst erben die Abkömmlinge des Erblassers, und zwar nach Stämmen. Das heißt zum Beispiel, daß neben einem noch lebenden Sohne an die Stelle der verstorbenen Tochter des Erblassers deren Kinder oder Kindeskinder erben. Hat der Sohn gleichfalls Kinder, schließt er als der nähere die ferneren Erben aus und erbt allein. Kinder erben zu gleichen Teilen. In zweiter Ordnung erben die Eltern und deren Abkömmlinge; auch hier wieder der Eintritt des Abkömmlings des Verstorbenen.

Sind Abkömmlinge nicht vorhanden, erbt in der 2. Ordnung der überlebende Elternteil allein.

In der 3. Ordnung erben die Großeltern und deren Abkömmlinge. Wer in mehreren Ordnungen erbt, wird mehrfach Erbe. In vierter Ordnung erben die Urgroßeltern nebst Abkömmlingen und so fort.

Erben der jeweils näheren schließen Erben der jeweils ferneren Ordnungen aus, bis auf den Ehegatten. Dieser erbt neben Kindern des Erblassers zu 1/4, neben Erben 2. und 3. Ordnung zur Hälfte, und wenn keine Erben der Ordnungen 1-3 vorhanden sind, erhält der überlebende Gatte die ganze Erbschaft; §§ 1924-1931 BGB.

Der Erbe kann die Erbschaft ausschlagen, beispielsweise, weil sie überschuldet ist oder weil er vom Erblasser aus persönlichen Gründen nicht erben wollte. Schlägt er sie aus, so fällt die Erbschaft nicht bei ihm an. Ist jemand aus mehreren Gründen zum Erben berufen, etwa aus Erbvertrag, Testament oder gesetzlicher Erbfolge, so kann er die Erbschaft aus dem einen Grunde ausschlagen und aus dem anderen annehmen. Die binnen sechs Wochen nach Anfall der Erbschaft abzugebende Anfechtung ist dem Nachlaßgericht zu erklären. Das Nachlaßgericht ordnet auch Nachlaßpflegschaft an, bis ein unbekannter Erbe aufgefunden, ein bekannter die Erbschaft noch nicht angenommen hat. Kann niemand als Erbe ausgemacht werden, wird der Fiskus Erbe.

Erbe kann auch werden, wer zur Zeit des Erbfalls gezeugt, aber noch nicht geboren war; der sogenannte *nasciturus*. Die mit einem solchen Erben Schwangere kann bis zur Entbindung angemessenen Unterhalt verlangen, sofern sie bedürftig ist; §§ 1923 Abs. 2, 1963 BGB.

Erbenhaftung und -gemeinschaft

Der Erbe haftet für die Nachlaßverbindlichkeiten, insbesondere auch für solche aus Pflichtteils-, Erbteilsersatz-, Vermächtnisforderungen und Auflagen; § 1967 BGB.

Er kann, sofern er die Erbschaft nicht ausschlägt, seine Haftung auf den Nachlaß beschränken, sofern Nachlaßverwaltung (= Nachlaßpflegschaft zur Befriedigung der Gläubiger) oder Nachlaßkonkurs angeordnet werden; § 1975.

Nachlaßverwaltung können nur der Erbe sowie Nachlaßgläubiger beantragen, die um ihre Befriedigung bangen. Wie im Konkurs der Schuldner, verliert der Erbe das Recht, über den Nachlaß zu verfügen und ihn zu verwalten; §§ 7, 8 der Konkursordnung vom 10. 2. 1877. Der Nachlaß wird eine Art Vorkonkursmasse, ein Sondervermögen, das der Befriedigung der Gläubiger dient und daher gesondert verwaltet wird. Ist eine den Kosten entsprechende Masse nicht vorhanden, kann die Nachlaßverwaltung aufgehoben oder braucht erst gar nicht angeordnet zu werden.

Bei dürftigem Nachlaß haftet der Erbe nur mit dem Nachlasse

(Einrede des dürftigen Nachlasses). Der Erbe, der seine Haftung beschränken will, tut gut daran, den Nachlaß zu inventarisieren. Er kann dazu auch aufgefordert werden.

Versäumt er die Frist oder versucht er die Gläubiger zu hintergehen, so haftet er unbeschränkt. Die Inventarerrichtung allein wendet noch nicht die unbeschränkte Haftung ab. Dazu bedarf es der Nachlaßverwaltung, des Konkurses, der Dürftigkeit oder aber einer vorgängigen relativen Haftungsbeschränkung gegenüber bestimmten Gläubigern: Der Erbe kann nämlich die Gläubiger öffentlich aufbieten, ihre Forderungen anzumelden, § 1970 BGB. Wer sich nicht meldet, erhält, wenn der Nachlaß zur Befriedigung der übrigen Gläubiger erschöpft ist, nichts. Allerdings rangieren auch ausgeschlossene Nachlaßgläubiger vor Gläubigern aus Pflichtteilen, Vermächtnissen und Auflagen, es sei denn, sie meldeten ihre Forderungen erst nach Berichtigung dieser Verbindlichkeiten an, §§ 1970–1973 BGB. Damit sich der Erbe bei Antritt der Erbschaft über die Höhe des Wertes des Nachlasses unterrichten kann, werden ihm aufschiebende Einreden gegen Gläubiger-Forderungen zugestanden, es sei denn, er haftete unbeschränkt.

Gleichwie der Eigentümer vom Besitzer sein Eigentum herausverlangen kann oder der Sorgeberechtigte Herausgabe des Kindes von dem, der ihm widerrechtlich das Kind vorenthält, kann der Erbe vom Erbschaftsbesitzer die Herausgabe des gesamten Nachlasses verlangen; samt Nutzungen und ersatzweise Erlangtum; und nach Rechtshängigkeit verschärft auch Schadensersatz, §§ 249–255 BGB, für schuldhaft nicht gezogene Nutzungen wie der Besitzer nach Rechtshängigkeit, auch hier wieder ein Ineinandergreifen von Vorschriften aus verschiedenen Büchern des BGB.

Ähnliches gilt für die Erbengemeinschaft bei Mehrheit von Erben. Ähnlich dem Gesellschaftsvermögen steht mehreren Erben der Nachlaß zur gesamten Hand zu. Denn der Grundgedanke der Gesamtnachfolge und der Zweckbindung im Gesellschaftsrecht treffen hier zusammen: Eine Vermögenssondermasse muß erhalten werden; § 2032 BGB.

Für den Vertragsjuristen ergeben sich beim Zusammenfallen von Nachlaß und Gesellschaftsvermögen viele interessante Kombinationen der bestmöglichen Gestaltung der Gesellschafter/Miterben zueinander. Führen Miterben zum Beispiel ein Handelsgeschäft fort, so können sie der Sachlage entsprechend als Gesellschafter behandelt werden. Miterben können aber ohne

Umwandlung auf Dauer keine OHG betreiben; sie können auch nicht als Erben eines KG-Gesellschafters eingetragen werden.

Dagegen kann eine OHG mit den Erben eines Gesellschafters fortgeführt werden. Im einzelnen bleibt hier vieles offen - eine Folge dessen, daß das BGB Erwerbs- und Genußvermögen (produktives und konsumptives Vermögen) nicht trennt.

In keinem Fall kann ein Miterbe allein über einzelne Nachlaßgegenstände verfügen, wohl aber über seinen Anteil am Nachlaß - dies im Gegensatz zu sonstigen gesamthänderischen Vorschriften. Verkauft ein Miterbe seinen Anteil am Nachlaß, sind die anderen zum Vorkauf berechtigt. Bei gemeinschaftlichen Beschlüssen entscheidet die Mehrheit der Anteile, nicht der Stimmen, desgleichen bei der Verteilung der Lasten und der Kosten des Nachlasses.

Verfügung über den Erbteil

Zur Verfügung über einen Nachlaßgegenstand sind nur die Erben gemeinschaftlich befugt. Sie können, abgesehen von einigen befristeten Ausnahmen, die Erbauseinandersetzung verlangen, die dann ähnlich geregelt wird wie Verwertung und Teilung sonstiger Sondervermögen; §§ 2042, 2046ff., also nach dem Prinzip: nach Schuldenbegleichung Teilung.

Wer als gesetzlicher Erbe vor dem Erbfall vom Erblasser eine Ausstattung erhalten hatte, muß sie sich anrechnen lassen, desgleichen sonstige Zuwendungen des Erblassers je nach dessen Vermögensverhältnissen oder Willen; § 2050.

Bis zur Teilung haften die Miterben für die gemeinschaftlichen Nachlaßverbindlichkeiten gesamtschuldnerisch: Also jeder für die volle Schuld mit seinem ganzen Vermögen. Er kann aber seine Haftung auf seinen Anteil am Nachlaß beschränken, wohingegen der Gläubiger sich bei entsprechenden Titeln aus dem ganzen Nachlaß befriedigen kann; § 2059.

Der schon im »Sachsenspiegel« bekannte Erbverzichtsvertrag läßt ein künftiges Erbrecht nicht entstehen, das eben der Erbvertrag begründet; § 2346. Er ist ein abstraktes Geschäft, das heißt auch unabhängig von einer möglicherweise zu zahlenden Abfindung wirksam. Der Annäherung der im Grunde personenrechtlichen Erbschaft an eine Marktware dient auch der Erbschaftskauf:

Der Erbe kann die ihm zugefallene Erbschaft verkaufen, haftet dann aber nicht im vollen Umfang wie der Käufer für alle Rechtsmängel, sondern nur für erbschaftseigene; § 2376. Käufer und Verkäufer haften grundsätzlich dem Nachlaßgläubiger wie die Vermögensübernehmer, jedoch beschränkbar; §§ 419, 2382–2385 BGB.

Da die Erbschaft Vermögenswert hat, wird derjenige, der im Erbschein als Erbe bezeichnet wird, als Erbe vermutet. Wer von ihm erwirbt und auf Grund des Erbscheins an die dort näher bezeichnete Berechtigung glaubt, daß der Erbscheininhaber verfügen könne, erwirbt auch dann das Vereinbarte vom Erbscheininhaber, wenn dieser nicht Erbe wurde; Erwerb kraft guten Glaubens wie bei der Grundstückeintragung oder der Übergabe der Sache vom Nichtberechtigten an den Gutgläubigen; §§ 892, 893, 932, 2366. Was da der gute Glaube ans Eigentum, ist hier der an die Erbschaft. Denn wo alles zur Handelsware wird: wieso da nicht auch das Erbe?

4. Die Familie

In diesem Kapitel skizziere ich das Recht der Ehe, der Kindschaft und der Vormundschaft.

Zum Begriff Familie vorab sei bemerkt, daß unser Recht sie nicht definiert. Sie ist weder allein Sippe, noch ist sie allein Klein- oder Großfamilie, das heißt Eltern und Kinder in drei Generationen zusammenlebend. Sie meint aber vermögensrechtlich beides.

Entsprechend ihrer Stellung im BGB zwischen Sachen- und Erbrecht und ausweislich ihrer nüchternen, kalten Sprache wurde und wird die Familie eher als Vermögens- und Geldverhältnis aufgefaßt und abgehandelt denn als Sippe und Gemeinschaft. Dem entspricht ihre Funktionalisierung und empfindungsmäßige Überlastung in der weitestgehend zum Markt gewordenen Gesellschaft.

Stellen wir die zweite Vorfrage, wieso der Staat überhaupt die Familie verregelt: »Ehe und Familie stehen unter dem besonderen Schutze der staatlichen Ordnung«, versichert Art. 6 unseres Grundgesetzes. Und im Abs. II legt Art. 6 GG fest: »Pflege und Erziehung der Kinder sind das Recht der Eltern und die zuvörderst ihnen obliegende Pflicht. Über ihre Betätigung wacht die staatliche Gemeinschaft.«

Wieso aber schützt der Staat besonders Ehe und Familie? Ist es nicht vielmehr in Feuerbachscher Umkehr so, daß Ehe und Familie besonders den Staat schützen? Denn sie entlasten ihn ja von der ursprünglichen Vergesellung (primären Sozialisation) und haben dafür ein Leben lang gerade zu stehen. Nicht doch aber der Staat. Der dankt das der Familie kaum; etwa bei der bisherigen Benachteiligung der Trümmerfrauen, die unter den schwierigen Nachkriegsumständen Kinder ernährten, gegenüber den später Gebärenden und Aufziehenden, oder bei den sprunghaft ansteigenden Pseudo-Krupp-Fällen durch die staatlicherseits geförderte Vernichtung der Umwelt etwa durch Autobahnen, Kernkraft und Chemie.

Kaum eine Mutter setzt heute noch mehr als ein oder zwei Kinder in die Welt. Alle Versuche, durch staatliche Finanzspritzen oder andere Winkelzüge die »Bekinderung« von Paaren zu fördern, etwa durch Darlehen bei Heirat, das dann nicht rückbezahlt, sondern »abgekindert« wird, kommen an der harten Tatsache weiter schwindender Geburtenrate nicht vorbei: Die Bundesrepublik Deutschland ist das geburtenschwächste Land der Welt. Und einen erheblichen Beitrag hierzu leistet die Überverregelung der Ehe/Familie, die mit dem schiefen Art. 6 des GG beginnt.

»Schutz« der Familie

Die Gemeinschaft der Familie/Ehe wird gemäß Art. 6 sofort in Rechte (»natürliche« auch noch) und Pflichten gefaßt, wie Vermögensbeziehungen es ja auch sind. Deswegen gebraucht das GG ja auch den Ausdruck »staatliche Gemeinschaft«, als ob der Staat es nicht nur mit der Gesellschaft zu tun haben könnte; und mit der Gemeinschaft nur zu sozialpolitischen Herrschaftszwecken. Vollends unverständlich Art. 6 Abs. 4 GG: »Jede Mutter hat Anspruch auf den Schutz und die Fürsorge der Gemeinschaft.«

Anspruch ist das Recht, von einem anderen ein Tun oder Unterlassen zu verlangen. Wer ist aber die Gemeinschaft? Gegen wen richtet sich denn der Anspruch der Mutter?

Real allein als Schutzrecht bleibt das Verbot der Schlechterbehandlung der verheirateten Bekinderten gegenüber den unverheirateten Kinderlosen, also eine Art Meistbegünstigungsklausel, wie wir sie vom Handelsrecht her kennen: Staaten, die die Meistbegünstigung vereinbaren, dürfen anderen Staaten nicht bessere Bedingungen verschaffen als dem, welchem sie die Meistbegünstigung zugesagt haben. So darf auch die bekinderte Familie gegenüber der unbekinderten sowenig benachteiligt werden wie Verheiratete gegenüber Unverheirateten.

Dies indessen trifft schon angesichts der gegenwärtigen Unterhaltspraxis nicht zu. Die Unterhaltspflichtigen haben wenig davon, wenn der Staat sie besonders überwacht und die Mutterschaft fördert.

– Wie schade, daß diese charmante, junge Frau mich nicht beauftragt hat, Ihre Sachen zu vertreten . . . Ich würde mit Vergnügen beweisen, daß Ihr Ehemann ein Schuft ist!

Ideologische Nutzung der Familie

Insbesondere verkehrte das Bundesverfassungsgericht (Bundesverfassungsgerichtsentscheidungen, Band 39, Entscheidung 1 vom 25. 2. 1975) das Schutzrecht des Art. 6 mit Bezug auf die Würde des Menschen und die freie Entfaltung der Persönlichkeit unter Berücksichtigung der Rechte anderer (Art. I Abs. 1 GG; Art. II Abs. 1 GG) in das Recht des Embryo, sein werdendes Leben auch gegen den Willen der Mutter zu schützen.

Ich will mich nicht lange mit den juristischen Purzelbäumen aufhalten, welche das BVerfG in seiner Begründung da schoß, sondern einen wie ich meine bezeichnenden Fall schildern:

Eine Frau aus Bonn hatte vor ihrer Niederkunft Contergan eingenommen. Sie war in einer Geburtenklinik in Behandlung. Der sie behandelnde Arzt und die Schwangere, die kurz vor der Niederkunft stand, kamen überein, einen Krüppel nicht zuzulassen, sondern »irgendwie wegzumachen«. Der Arzt war zur Zeit der Niederkunft nicht da, und der ihn vertretende zog ein blaues Bündel, fast ohne Glieder, aus dem Schoß der Frau, ließ es päppeln und übergab es der Mutter. Inzwischen war das Bündel acht Jahre alt: Wasserkopf, ewig plappernd, sogar an den Restgliedern geschient. Ich füge hinzu: Die Contergan-Industrie hat unser Bruttosozialprodukt mit seiner Prothesen- und Betreuer-Industrie um 2 Mrd. DM gesteigert.

Die Hebammen im Mittelalter, neben den »Hübschlerinnen« (heute: »Gunstgewerblerinnen«) eine Zunft wie etwa die Gilden der Kürschner, Bäcker oder Wagner ließen Krüppel nicht erst zur Welt kommen, oder wenn geboren, verderben.

Hier wie anderswo scheuen wir, angesichts der Bestialität des barbarischen Dritten Reichs, auch vernünftige Gedanken zu fassen. Wahrscheinlich deswegen, weil wir der Ethik der katholischen Kirche, die ja sofort die Seele des Befruchteten behauptet, in Bereichen wie Ehe und Familie das Feld überlassen.

Ehe

Stöbern wir familienrechtliche Bücher durch, so stoßen wir auf zwei Begründungen der Ehe als staatliche Einrichtung (und nicht als Privatvertrag):

1. Mann/Frau = Keimzelle der Gesellschaft, möglichst Kinder dazu. Nun gab es andere Keimzellen der Kulturen als die auch noch zeitlich lebenslange Zuordnung des einen Mannes zu der einen Frau. Im klassischen China etwa des Vaters zum Sohn, des älteren Bruders zur jüngeren Nichte und so fort.
   Die Zuordnung eines Mannes zu einer Frau gilt denn auch richtigerweise so: Wir verloren Sippe und Geborgenheit im großen Haus. Wir klammerten uns an der Ja/Nein-Fügung entsprechende zeitlose Mann/Frau-Zuordnungen.
2. Rechtssicherheit. Dieses Argument dürfte uns bekannt sein. Es geht also auch in der Ehe nicht ums Wesentliche, sondern ums Meßbare, Berechenbare. Daher führte auch Stalin, der verbrecherische Gewaltherrscher, die bürgerliche Formalehe wieder ein, die im Aufbruch der frühen Sowjetgesellschaft anno 1917 wie im Aufbruch der Münsterschen anno 1535 ein Privatvertrag war: Frau und Mann ehelichten sich einfach, weil sie sich minnten, liebten, mochten, für einige Zeit.
   Aber nein: Staat/Kirche/Wirtschaft/Militär brauchen lebenslängliche Zuordnungen Frau/Mann. Da packt man jeden von ihnen besser und sie zusammen auch.
   Im Grunde ist auch das Argument, die feste Zuordnung Frau/Mann stiftete den Gläubigern dieses Paares Rechtssicherheit, faul. Zwar lesen wir im § 1362 die folgende Eigentumsvermutung:
   »Zugunsten der Gläubiger des Mannes und der Gläubiger der Frau wird vermutet, daß die im Besitz eines Ehegatten oder beider Ehegatten befindlichen beweglichen Sachen dem Schuldner gehören.«

Indessen kriegen auch unverheiratete Paare Kredit. Und innerfamiliär kann die Mann/Frau-Gemeinschaft ohnehin behandelt werden wie eine Gesellschaft des BGB; §§ 705–740 BGB, und gerade – auch wegen der Gütertrennung – nicht wie eine Gemeinschaft; §§ 741–758 BGB. Das heißt: Das eine Argument für die Begründung der Formalehe, sie entspräche der Natur, zieht so wenig wie das zweite: Die feste Zuordnung Mann/Frau diente der Sicherheit des Rechtsverkehrs.

Indessen sind Eingehung und Auflösung der Ehe so verregelt, als stimmten jene Begründungen.

Personenstand

Obgleich wir keinen anerkannten Familienbegriff haben, wird ein Stammbuch bei den Personenstandsämtern angelegt, das Herkunft und Familienstand beurkundet, nämlich im Heirats-, Familien-, Geburten- und Sterbebuch (Personenstandsgesetz in der Fassung vom 8. 8. 1957, § 1, Abs. 2).

Im Heirats»buch« (heute eine Liste mit Rechnervermerk wie in den anderen Büchern) wird die Eheschließung beurkundet. Die läßt sich ja auch leicht nachweisen, wird sie doch von dem Beamten beurkundet, der im gleichen Amt sitzt. Schlechter steht es schon um das Familienbuch, »dazu bestimmt, den jeweiligen Personenstand der Familienangehörigen ersichtlich zu machen« (§ 2 Abs. 1 Satz 2 PStG). Familie wird hier offenbar als Sippe genommen; als Blutsverwandte (Cognaten) und nicht Verschwägerte (Agnaten; Schwert- und Grindelmagen im Germanischen). Denn deren Abstammung läßt sich, was auch für die Staatsangehörigkeit wichtig ist, schwer nachweisen. Und trotzdem hängen wir dem Sippenverständnis der Familie, dem ius sanguinis (Recht des Blutes) an, und nicht dem Bodenrecht (ius soli) wie bei der Staatsangehörigkeit das angelsächsische und mexikanische Recht.

Ehe und Kind

Was nun gezielt die Ehe betrifft, so schien sie den Tyrannen Hitler und Stalin sehr wichtig zu sein: Sie gliederten die Ehe aus den allgemeinen Vermögensbeziehungen aus. In der UdSSR wird die Ehe auch heute noch - alle 15 Sowjetrepubliken kennen sie nach dem Vorgang des Bundes - in einem eigenen Ehe- und Familiengesetz geregelt. Sicherlich unter dem Vorwand, daß Ehe und Familie nicht unter den schnöden Zugriff des Staates und des Marktes gehörten.

Bezüglich Ehe und Familie haben wir es mit dem Syndrom des Art. 6 GG zu tun, der nicht wahrhat, daß die von ihm erflehte Kleinfamilie auseinanderfiel: Kinder hat's, Familien nicht.

Zum Vergleich: In russischen Vorstellungen (etwa wenn sich eine/einer um einen Posten oder Titel bewirbt) wird weniger nach dem Stand (ledig/unverheiratet; verheiratet/verwitwet) gefragt, sondern nach Kindern: *imeetjsa doč, imeetjsa syn* (hat sich Tochter, hat sich Sohn). Dieses »natürliche Recht der Eltern« kam uns abhanden, dieses Recht, einfach zu bekennen: ja Sohn, ja Tochter. Sondern nein: ehelich/unehelich.

Eingehen und Auflösen der Ehe

Die Ehe kann nur durch den Standesbeamten geschlossen werden, und zwar »in einer der Bedeutung der Ehe entsprechenden würdigen und feierlichen Weise«; § 8 PStG, nach Aufgebot (eine Woche öffentliche Aushängung), auf die in Städten - zu 4/5 leben Deutsche in Städten - ohnehin keiner sieht. Und wie feierlich eine standesamtliche Ehe sein darf, liegt an den Grenzen des Standesamtsbaus sowie des Beamten.

Feierlichkeit als Vorschrift? Wieso kann die Ehe *nur* rechtsgültig »vor einem Standesbeamten« geschlossen werden (§ 11 Ehegesetz, Nr. 16 des Kontrollrats, 20. 2. 1946, der das Ehegesetz von 1938 nicht ganz aufzuheben vermochte)? Wohl deswegen, weil die Franzosen, die ja die gesetzliche Ehe hochhielten, wie im übrigen alle Romanen, die Las-Vegas-Ehe der Amerikaner nicht schätzten. Und deswegen ersparen wir uns die Formalitäten, die das Personenstands- und das Ehegesetz uns vorschreiben, und merken uns zweierlei: Absolut und nicht durch Befreiung (Dispens) oder Zeitablauf (Verjährung) abdingbar werden verboten

1. eine »blutschänderische« Verbindung Mann/Frau im 1. und 2. Grade Verwandter;
2. unter Verheirateten.

Zur Zeit erleben wir eine Revitalisierung des Islam, der ja Vielehen kennt. Nicht nur Sowjetrussen in ihrem verwundbaren Unterleib (Kasachstan, Usbekistan, Kirgistan, Turkmenistan, auch: Tadžiskistan) bemerken die ungemeine völkische Kraft des Islam. Auch die Amerikaner bekommen sie zu spüren. Wenn also unsere Familien- und Sozialpolitik wenigstens den biologisch-zahlenmäßigen Erhalt unserer bundesdeutschen Gesellschaft anzielte, sollten wir Mehreher werden. Jedenfalls schafften die das mit ihrer Vielehe aus dem Stand und wir mit unserer Einehe gar nicht.

Eheliche Lebensgemeinschaft

»Die Ehegatten sind einander zur ehelichen Lebensgemeinschaft verpflichtet«; § 1353 BGB.

Gatten können einfach Partner sein, und die Gemeinschaft könnte sich, wie das BGB anbietet, auf bestimmte Gegenstände beschränken. So, wie der witzig-spröde Kant die Ehe definierte: »auf den lebenslangen Besitz geschlechtswieriger Eigenschaften«.

Niemand, der empirisch vorgeht, streitet geglückte Ehen ab. Es gibt sie. Nur: Gemeinschaft aus Pflicht - das geht nicht. Und Ehe als Besitz - das läuft wohl auch nicht so gut. Und wieder die bewußtseinsgespaltene Sprache des Liebe zu verregeln sich anmaßenden BGB, nämlich im § 1353 Abs. 2, Satz 1, der vermeint:

»Stellt sich das Verlangen eines Ehegatten nach Herstellung der Gemeinschaft als Mißbrauch seines Rechtes dar, so ist der andere Ehegatte nicht verpflichtet, dem Verlangen Folge zu leisten.«

Schön, diese verräterische Sprache. Denn welche »Rechte« können, die sich mögen, schon einander abfordern? Der Nahbereich läßt sich eben nicht verregeln. Und logisch widersprüchlich: Denn die Gemeinschaft läßt sich sowenig »herstellen«, wie sich einem »Verlangen« »Folge zu leisten« läßt, allenfalls läßt es sich erfüllen.

Dieses läßt sich schnell, um in der knöchernen Sprache des BGB (ob nun bei G. Plank, der den 4. Teil des BGB verfaßte, oder bei R. Sepsius, die es mit reformierte) zu bleiben, »in Erfahrung bringen«: Das Familienrecht, das im wesentlichen nur abgegriffene Gemeinplätze bereithält, wird um so schärfer im Formalen, jedenfalls was die Ehe betrifft. Im Unterhalt, wo's ums Vermögen und Geld geht, pauschaliert es wieder und wird berechenbar, genauso wie im Güterstand.

Güterstände

Im Gegensatz zu früheren gesetzlichen und vereinbarten Güterständen, in denen die altgermanische *»munt«* oder die *»manus«* vorherrschte (munt = erzieherische, manus = gewaltsame Herrschaft des Mannes über Frau/Kinder), ist der heutige Güterstand der: Die Gatten haben getrennte Vermögen = Gütertrennung, aber sie teilen sich den in der Ehezeit erwirtschafteten Zugewinn

= Zugewinngemeinschaft: Das in der Ehezeit Erworbene wird gehälftet, das heißt, jeder Gatte berechnet sein Anfangsvermögen, das er hatte, als er die Ehe einging. Im Falle der Scheidung oder sonstiger Auseinandersetzung werden der Unterschied zwischen Anfangs- und Endvermögen jedes der beiden Gatten berechnet. Hat einer mehr als der andere, so steht die Hälfte der Differenz dem anderen zu. Sind nur Schulden da, wird nichts ausgeglichen. Gehälftet wird nur der zur Ehezeit erwirtschaftete Gewinn; §§ 1363, 1373–1378.

Im Todesfall wird der Zugewinn so ausgeglichen, daß sich der gesetzliche Erbteil des Überlebenden um 1/4 der Erbschaft erhöht; § 1371 Abs. 1. Dem überlebenden Ehegatten steht neben Kindern 1/4 der Erbschaft zu, neben Eltern und Geschwistern die Hälfte; § 1931 BGB.

Wird der Ehegatte, etwa auf Grund eines Testamentes, nicht Erbe, so kann er den Zugewinnausgleich verlangen. Der Pflichtteil = die Hälfte des gesetzlichen Erbteils bemißt sich in diesem Falle nach dem sogenannten kleinen Pflichtteil; § 1371 Abs. 2.

Rechtspolitisch bleibt fraglich, ob die Erhöhung des Erbteils zumal nach kurzer Ehe nicht der Familie des Verstorbenen Vermögen entzieht, zumal der Überlebende dann hinsichtlich seines ererbten Vermögens die Kinder des Erblassers ausschließen kann, so daß sie leer ausgehen.

Die Ehegatten können durch notariell zu beurkundenden Ehevertrag einen anderen Güterstand als den gesetzlichen vereinbaren. Wird dieser ausgeschlossen, so gilt Gütertrennung. In diesem Falle erben der überlebende Ehegatte und ein oder zwei Kinder des Erblassers als gesetzliche Erben zu gleichen Teilen; § 1931 Abs. 4 BGB.

Bei Gütertrennung wird der Zugewinn nicht ausgeglichen. Jeder Gatte ist allein Herr seines Vermögens.

Um Außenwirkungen zu vermeiden, die sonst an den gesetzlichen Güterstand geknüpft sind, haben die Gatten den Ehevertrag ins Güterrechtsregister eintragen zu lassen; § 1412 BGB.

Die Ehegatten können auch Gütergemeinschaft vereinbaren; §§ 1415 ff. BGB. In diesem Falle wird das Vermögen beider Gatten Gesamtgut; es gleicht dem Gesellschaftsvermögen; § 1416.

Die Gütergemeinschaft kann auch zwischen dem Witwer/der Witwe und den Kindern fortgesetzt werden. Hier ist die Bindung recht stark. Im Falle der Zugewinngemeinschaft, das heißt genauer gesagt: der Gütertrennung mit Zugewinnausgleich, sind die Gatten im wesentlichen nur durch § 1365 gebunden. Danach kann kein Gatte ohne Einwilligung (Einwilligung = vorherige Zustimmung; die nachträgliche heißt »Genehmigung«) des anderen »über sein Vermögen im ganzen« verfügen. Gemeint ist natürlich: über einzelne Gegenstände verfügen, also etwa Sachen übergeben oder Forderungen übertragen.

Als das BGB konzipiert wurde, war gesetzlicher Güterstand der der Verwaltung und Nutznießung des Mannes am eingebrachten Gut der Frau. Dies verstieß gegen das Gleichberechtigungsgebot des Art. 3 Abs. 2 GG und mußte durch Gesetzgebung abgeändert werden.

Scheidung

Wie die hoheitliche Gewalt die Ehe einschätzt, zeigt sich daran, wie sie die Scheidung ausgestaltet. An der Scheidung zeigt sich indessen nicht, ob eine Ehe zerrüttet ist (von »Scheidungswaisen« oder »Scheidungskrüppeln« zu reden, hat nur Sinn hinsichtlich der Scheidungsfolgen). Beispielsweise wurde in Italien erst 1971 die Scheidung zugelassen; die Iren lehnten sie noch 1986 per Volksabstimmung ab. Schätzungsweise 1,2 Mill. Ehegatten lebten aber schon vor der Scheidung in Italien getrennt, so daß die befürchtete Scheidungsexplosion ausblieb. Von 1971–1973 gab es trotz befürchteten Nachholbedarfs nur 60000 Scheidungen.

Sitte und Gesetz klaffen beim Scheidungsrecht weit auseinander. Im alten China konnte ein Mann, der seine Frau als »Schnattermaul« bezeichnete, sich von ihr trennen. Dagegen halte man das katholische Extrem: Was Gott zusammenfügte, soll der Mensch nicht trennen.

Das BGB neigte mehr der katholischen Auffassung zu. So sprechen die Motive zum BGB die Ehe als vom Willen der Gatten unabhängige sittliche und rechtliche Ordnung an.

Pfiffiger war das Preußische Allgemeine Landrecht, das die Ehe bevölkerungspolitisch auffaßte; etwa gemäß der Kabinettsorder des Großen Friederich vom 22. 5. 1773, die zu erwägen gab,

> »daß man mit der Trennung der Ehe nicht so facil sein muß, daß davon ein Mißbrauch entsteht, sowie auf der anderen Seite nicht auch so difficil sein muß, sonsten hindert das die Popula-

tion. Denn sobald zwei Eheleute durchaus wider einander so weit aufgebracht und erzürnet sind, daß gar keine Vereinigung zu hoffen steht, und die Gemüther in einer beständigen Verbitterung gegeneinander verbleiben, so werden sie auch keine Kinder miteinander erzeugen, und das ist der Population zum Nachteil. Dagegen wird ein solches Paar geschieden und das Weib heirathet dann einen anderen Kerl, so kommen doch noch eher Kinder davon«. (Nach Evelyn Kühn, Papier Zentrum für interdisziplinäre Forschung, Bielefeld, 11. 2. 1975)

Gemäß der verkniffenen Einstellung zur Ehe, die als eine Art Halbsakrament galt, zielte das BGB und zielt es heute noch auf Erschwerung der Scheidung ab.

Das Dritte Reich bewegte sich wieder auf die bevölkerungspolitische Funktion der Ehe zu. Hitler:

»Auch die Ehe kann nicht Selbstzweck sein, sondern muß dem einen größten Ziele, der Vermehrung und der Erhaltung der Art und Rasse, dienen. Nur das ist ihr Sinn und ihre Aufgabe.« (Hitler: Mein Kampf, München 1933, S. 275)

So konnte die Scheidung wegen Unfruchtbarkeit und Verweigerung der Fortpflanzung begehrt werden. Die Alliierten entfernten diese Scheidungsgründe, beließen es aber bei der Heimtrennung, der auch heute noch gängigsten Scheidungsgrundlage; § 1565 BGB.

»Eine Ehe kann geschieden werden, wenn sie gescheitert ist«, wenn die zerrüttete Lebensgemeinschaft nicht wiederhergestellt werden kann.

Fristenlösung in der Ehe

Positivistisch, die Prämissen der Ehe richtig voraussetzend war es, eine Fristenlösung festzulegen: Ehegatten, die noch nicht ein Jahr getrennt leben, können geschieden werden, wenn die Fortsetzung der Ehe im Hinblick auf seinen Gatten eine unzumutbare Härte für den Antragsteller wäre. Leben die Gatten ein Jahr und länger getrennt und wollen beide die Scheidung, wird Zerrüttung unwiderlegbar vermutet.

Die unwiderlegbare Vermutung steht einer Definition gleich, so daß kürzer und besser wäre: Über ein Jahr getrennt Lebende, die einverständlich die Scheidung begehren oder ihr nicht widersprechen, werden geschieden.

Nach drei Jahren Ehe kann jeder der Gatten die Scheidung begehren. Doch gilt eine Härteklausel mit Rücksicht auf Kinder und den der Scheidung widersprechenden Gatten: Bedeutete die Scheidung für diese ausnahmsweise eine Härte, darf nicht geschieden werden. Nach fünf Jahren Trennung muß in jedem Fall geschieden werden; §§ 1565–1568 BGB. Getrenntleben heißt: Die häusliche Gemeinschaft ist aufgehoben, und einer von beiden will sie nicht wiederherstellen.

Diese positivistische Regelung erspart im Gegensatz zum früheren Schuldprinzip den Gatten Verrenkungen vor Gericht. Sie lehnt sich an den 1969 in England verabschiedeten »Divorce-Reform-Act« an.

Konsequent gedacht, wären auch die Härteklauseln nicht nötig, denn dem bedürftigen Partner oder dem Kinde dient kein widerstrebend in der Ehe Gehaltener. Um Härten zu mildern, zahlt er ja Unterhalt. Emotionale Zuwendung kann durch Gesetz am allerwenigsten erzwungen werden.

Erschwert wird praktisch die Scheidung weniger durch Härteklauseln als durch die Kosten. Gemäß § 608 ZPO sind in Ehesachen, obgleich sie vorm Familiengericht (Amtsgericht) stattfinden, die Vorschriften über das Verfahren vorm Landgericht anzuwenden, und das bedeutet vor allem auch ausdrücklich gemäß § 78 ZPO Anwaltszwang: Zwang, einen Rechtsanwalt herbeizuziehen, und natürlich auch, sofern die Prozeßkostenhilfe nicht greift, zu bezahlen.

Verkrüpplung der Ehe durchs Gesetz

Man stelle sich vor: Gerade in solch persönlichen Dingen wie Ehescheidungen werden die Gatten entmündigt. Sie können keine eigenen Anträge stellen. Als Scheidungswillige werden sie zu Mündeln herabgestuft, die eine Art Vormund benötigen.

Wir brauchen nicht erst die Verachtung des Großen Fritz für den Anwaltsstand zu teilen oder die Honoré Daumiers, um zu bemerken, daß der sozialliberale Gesetzgeber, mal wieder auf Stimmenfang aus, einem beredten Verband, der Anwaltschaft, den Gefallen des Jahrhunderts tat: Er schuf einen fetten Markt für den übervölkerten Anwaltsstand. Denn die Scheidungen nehmen trotz Verteuerung durch den Anwaltszwang zu und damit die

Sozialbeiträge der Scheidungswilligen an die Anwälte. Fragen wir weiter, wem nützt das, *cui bono,* so natürlich den konservativen Kräften, denn die durchschnittlich etwa 15000,- DM betragenden Scheidungskosten lassen viele vor der Scheidung zurückschrecken. Was also die Kirche per Gesinnung nicht schaffte, schafft der Staat durch die Kosten.

Es ist dies ein kleines, aber bezeichnendes Anzeichen dafür, daß das Gemeinwesen funktionalistisch den jeweils stärksten Verbänden ausgeliefert ist, wie wir das vom Kartellrecht her kennen, das wir streiften.

Zur Scheidungsstatistik ist festzustellen: Etwa jede dritte Ehe scheitert. Indes: Die Wiederverheiratung, früher fast nur von Witwern/Witwen gepflegt, steigt auch. Die Scheidungshochpegel liegen bei 3-9 Ehejahren und ab 20 Ehejahren, wenn die Kinder aushäusig werden. Berlin, Hamburg, Bremen und vergleichbare Städte weisen die höchsten Scheidungsraten auf.

Entsprechende Ziffern gelten für das Ausland. Daß mehr Frauen als Männer die Scheidung begehren, verweist auf die folgende Erwägung:

Trotz aller Gleichberechtigung verdient der Mann immer noch *das* oder *mehr* Geld als die Frau. Da der Mann oft einige Anwartschaften oder Vermögensstücke erwarb oder über beträchtliche Einkommen verfügt, ist es unter funktionalistisch-angelsächsischem Aspekt, der ja heute vorherrscht, günstiger für die Frau, sich vom Manne scheiden zu lassen als umgekehrt. Der Mann verarmt eher, vor allem in Anbetracht des Scheidungsfolgenrechts als die Frau. Daß also mehr Männer auf Antrag ihrer Frauen geschieden werden als umgekehrt, liegt nicht daran, daß Männer schlechter sind, sondern daran, daß Frauen funktionaler denken - so jedenfalls meine Beobachtung.

Ehescheidungsfolgen

Sorgerecht

Das Sorgerecht - früher die elterliche Gewalt - fällt beiden Eltern als gesetzlichen Vertretern des Kindes zu. Im Falle der Scheidung wird oft darüber gestritten. In den meisten Fällen erhält die Mutter das Sorgerecht. Oft wird das Jugendamt eingeschaltet, das dann über das Wohl des Kindes nach Durchsicht der Wohnung oder gerüchteweise der Lebensgewohnheiten der Partner befindet, wo das Kind nun besser aufgehoben ist; in 19 von 20 Fällen bei der Mutter.

Das Sorgerecht umfaßt das Recht, für Person und Vermögen des Kindes zu sorgen. War früher die lateinische *manus* (daher *e-mancipatio* = sich aus der Hand des *pater familias* lösen) oder die germanische *munt* ein umfassendes Recht, über Kinder zu gebieten, so sind heute Kinder und auch schon Menschenkeime (Embryos, *nascituri*) Träger eigener Rechte.

Kinder sind immer rechtsfähig, je nach Stand und Lage beschränkt geschäftsfähig, ab 14 Jahren deliktsfähig und ab 18 volljährig, das heißt unbeschränkt geschäftsfähig, sofern sie als ganz oder teilweise nicht Geschäftsfähige nicht unter Vormundschaft oder Pflegschaft gestellt sind.

In der sozialen Praxis läuft, wie auch ursprünglich vom BGB gedacht, das Sorgerecht auf eine Art Besitzrecht hinaus. Wie der Besitzer einer Sache vom unrechtmäßigen Inhaber, so kann auch der Sorgeberechtigte von einem, der das Kind den Eltern widerrechtlich vorenthält, Herausgabe verlangen; § 1632 BGB.

Ehegattenunterhalt

Im Streitfall wie im Normalfall einer Familie wird Unterhalt gewährt: der der Gatten einander, der der Eltern dem Kind, der der Verwandten unter sich. Die Pflicht der Ehegatten, füreinander zu sorgen, ergibt sich aus der ehelichen Lebensgemeinschaft.

Bei Trennung und Scheidung greift das Prinzip der Bedürftigkeit: Im Falle der Scheidung muß derjenige, der für sich selber sorgen kann, dem, der das nicht kann, Unterhalt gewähren; § 1569 BGB. Dies gilt auch, wenn der Geschiedene gebrechlich oder alt ist, ein Kind betreut und, wenn er selber etwas erwirbt oder Vermögen hat, das nicht reicht. Maß ist der »Lebensbedarf«, das, was »den ehelichen Lebensverhältnissen« entsprach; § 1578 BGB.

Über ihr Vermögen und ihre Einkünfte müssen Geschiedene, die voneinander Unterhalt fordern, Auskunft geben; § 1580 BGB, was in der Praxis sehr oft zu elenden und langwierigen Kleinkriegen führt. Rechtspolitisch kann diese Vorschrift, daß auch Geschiedene sich unterhalten müssen, nur unter der Voraussetzung gerechtfertigt werden, daß die Ehe ein Sakrament ist, eine göttliche Stiftung. Im Zuge der Durchformalisierung aller, auch solch elementarer Lebensbezüge wie dem der Geschlechtsgemeinschaft, liegen solche Vorschriften sicherlich: Alles wird verregelt.

Eine ganz andere Sache als die des Unterhalts für Abkömmlinge oder Eltern ist die der Geschiedenen. Er ist eine elementare Lüge, denn: Will ich nichts mehr mit Dir zu tun haben, dann auch wirklich nichts. Scheidung ist Scheidung, sollte man meinen. Aber nein, was dazu führt, daß Ehen zunehmend wegen der Scheidungsfolgen eingegangen werden, also das Scheidungsfolgenrecht funktionalistisch zum Mißbrauch geradezu verlockt.

Hier wiederum hat der Zugewinnausgleich Sinn, desgleichen der Versorgungsausgleich, stellen beide doch auf die Zeit des Zusammenlebens ab und nicht auf das Wesen der Ehe.

Zugewinn- und Versorgungsausgleich

Im Versorgungsausgleich werden die wechselseitigen Rentenanwartschaften auf die Zeit der Ehe umgelegt und verteilt.

§ 1587a lautet: »Ausgleichspflichtig ist der Ehegatte mit den werthöheren Anwartschaften oder Aussichten auf eine auszugleichende Versorgung. Dem berechtigten Ehegatten steht als Ausgleich die Hälfte des Wertunterschiedes zu.«

Die sozialrechtliche Berechnung des Versorgungsausgleichs allerdings ist schwer; bei meiner Scheidung umfaßte sie 28 Seiten voller Ziffern, die ich nicht begreife; wer das will, lese §§ 1587a-1587p BGB.

Der Versorgungsausgleich ist, international betrachtet, ein Vorreiter. Soweit ich sehe, kennen oder jedenfalls kannten ihn andere Rechtsordnungen nicht. Zwar wird volkswirtschaftlich wie sozialversicherungsmäßig die Verteilung komplizierter, doch offenbar stimmt der Rechtsgedanke des Zugewinns so wie der des Versorgungsausgleichs. Was in jeder Hinsicht indes vergrätzt, ist der Unterhalt Geschiedener. Über den Zugewinnausgleich sprachen wir anläßlich des ehelichen Güterrechts.

Verwandtenunterhalt

»Verwandte in gerader Linie sind verpflichtet, einander Unterhalt zu gewähren«; § 1601 BGB. »Unterhaltsberechtigt ist nur, wer außerstande ist, sich selbst zu unterhalten«; § 1602 BGB.

Das BGB bemerkt wohl den Zerfall der Sippe, resigniert aber vor ihm und knüpft nur Geldansprüche an die Verwandtschaft, denn Unterhalt ist in Geld zu leisten; § 1612 Abs. 1 BGB.

Ausnahmsweise, »wenn besondere Gründe es rechtfertigen«, kann der Unterhaltsverpflichtete auch anders Unterhalt leisten, etwa durch Aufnahme ins Haus. Verwandtschafts- wird also in Geldverhältnis umgemünzt, was ja als marktgerecht erscheint. Denn alle Marktbeziehungen, in erster Linie der Kauf, weisen auf der rechten Seite den Preis auf. So wird auch die Verwandtschaft in ein Geldverhältnis umgewandelt, gleichwie wir Strafe ja auch nur als Geld- und Freiheitsstrafe kennen.

Die Höhe der Geldzahlung bemißt sich nach der »Lebensstellung des Bedürftigen«; § 1610 Abs. 1. Nun ist die etwa bei Geschiedenen oder getrennt Lebenden schwer festzustellen, etwa wenn das Kind bei der Mutter wohnt und der besser verdienende Vater woanders. Welchen Unterhalt zahlt er? § 1610 Abs. 3 BGB schreibt in diesem Falle den Regelbedarf als Mindestforderung vor. Der Regelbedarf wird durch die Bundesregierung jeweils festgelegt. Er gilt, nach Altersstufen gestaffelt, für uneheliche Kinder. Handelt es sich um eheliche: Welche Lebensstellung ist dann maßgebend? Die Gerichte tendieren zu einer mittleren nach Trennung oder Scheidung, indes mehr der des einkommensmäßig Stärkeren angenähert. In der Rangfolge haftet der Gatte vor den Verwandten. Die minderjährigen unverheirateten Kinder gehen den anderen Kindern vor, die Kinder den Enkeln, diese den Großeltern, unter denen die nähere der ferneren Linie.

Der Verwandtschaftsgrad bemißt sich anders als im kanonischen Recht, das die Generationen zählt, im bürgerlichen Recht nach der Zahl der vermittelnden Geburten; hierauf stießen wir schon im Erbrecht.

Öffentlicher und privater Unterhalt

Gewährt der Staat, was er nach dem Bundessozialhilfegesetz tun muß, Unterhalt, so geht seine Zahlung als Anspruch auf den verwandtschaftsmäßig Unterhaltspflichtigen über.

Die Sozialämter achten darauf, des unterhaltspflichtigen Verwandten habhaft zu werden. Es herrscht das aus der katholischen Soziallehre stammende Subsidiaritätsprinzip vor, des ersatzweisen Eintritts der größeren nach der kleineren Gemeinschaft, die dann wieder, falls der »Sozialfall« eintritt, Rückgriff (Regreß) gegen die kleinere Gemeinschaft nimmt.

Erörtern wir hier beim Unterhalt kurz den Zusammenhang zwischen Wirtschaftsform und Sozialgesetz.

Statistisch sieht es so aus, daß ein deutscher Sozialhilfeempfänger mit durchschnittlich 900 Mark im Monat besser dasteht als ein sowjetischer Arbeiter mit durchschnittlich 350 Rubel im Monat und etwa 10mal besser als ein in Südamerika arbeitender Indio.

Diese Tatsache wird nicht zu Unrecht durch unsere Wirtschafts- und Rechtsform erklärt, die in jeder Weise den Austausch erleichtert und die Früchte des Wirtschaftens dem Wirt selber zuschreibt: Das Geld sucht immer die fruchtbarste Hand. Da sind sich Adam Smith und Karl Marx einig.

Deswegen wird unsere Rechts- und Wirtschaftsform gerade auch von Sozialhilfeempfängern bejaht. Sie nahmen zwar resignierend zur Kenntnis, daß sie Reichtum und Macht nur für wenige bringt. Aber - sie bejahen sie. Aus dieser Haltung entsteht keine Auflehnung, obwohl die aufs Einkommen der Verdiener bezogene Verelendung zunimmt. Daß dann ein so reicher und bezüglich öffentlicher Güter elend armer Staat wie die Bundesrepublik Deutschland einspringt, muß man bejahen; bejahen also auch, daß Unterhaltsgewährung jenseits von § 1601 BGB eine öffentliche Angelegenheit ist - wie man auch immer über die Höhe des staatlichen Unterhalts = Sozialhilfe streiten mag.

Der öffentliche Unterhalt wird je nach »Warenkorb«, das heißt: Entwicklung der Einkaufspreise sowie nach sozialpolitischen Grundentscheidungen festgelegt.

Ganz anders der private Unterhalt, der inzwischen allerdings auch pauschaliert wird. Bei dem Massenandrang Unterhaltsberechtigter sahen die Gerichte keine andere Chance, als sich zu entlasten und Rechtssicherheit im eh schon meßbaren Geld zu stiften. Demgemäß wird weitestgehend die vom Oberlandesgericht Düsseldorf erstellte Tabelle zugrunde gelegt.

Uneheliche werden von vornherein den Armen zugeschlagen, weshalb es denn für mich als Mann im Zweifel billiger ist, uneheliche Kinder zu zeugen als eheliche. Für gut kalkulierende »Marktmännchen«, die wir geworden sind, schoß der Gesetzgeber, der ja wohl *eheliche* Kinder fördern will, mal wieder ein Eigentor.

Unehelichenrecht

Hoheitlich sieht auch die Regelung der Unehelichen gegenüber den Ehelichen aus. Als ob das Kind etwas dafür könnte, daß es ein »Bastard« ist, haftet ihm lebenslang der Personenstand seiner Eltern an. Die Ehe ist auch heute noch ein Semi-, besser: Talmi-Sakrament, deren Bestehen oder Nichtbestehen sich bei Kind und Kindeskind auswirken.

Heute ist nur die gesellschaftliche Gleichstellung gemäß Art. 6 GG geregelt. Art. 6 Abs. 5 GG lautet: »Den unehelichen Kindern sind durch die Gesetzgebung die gleichen Bedingungen für ihre leibliche und seelische Entwicklung und ihre Stellung in der Gesellschaft zu schaffen wie den ehelichen Kindern.« Nur die gleichen Bedingungen. Begründung: Die Lage der unehelichen Kinder sei anders als die der ehelichen. Wenn nun aber, was oft geschieht, uneheliche Kinder bei Freund und Freundin der Mutter aufwachsen? Oft sind diese Verhältnisse stabiler als Ehen. Soweit ich sehe, sind denn auch in den sozialistischen Ländern die Unehelichen den Ehelichen gleichgestellt.

Die unerfreulichen bundesdeutschen Regelungen lauten in der Hauptsache so: Galt früher der »Bastard« als nicht verwandt mit dem Vater, und hatte früher die Mutter nicht die elterliche Gewalt, so hat heute die Mutter das Sorgerecht für ihr Kind, und das Kind hat einen Erbersatzanspruch gegen den Vater. Es erhält dafür sowie für die Vaterschaftsfeststellung und für Unterhaltsansprüche gegen den Vater einen Pfleger § 1706 BGB.

Der Erbersatzanspruch geht auf die Höhe des gesetzlichen Erbteils: Im Gegensatz zum ehelichen Kind wird das uneheliche nicht Erbe, das heißt Eigentümer beim Tode des Vaters, sondern es erhält nur einen schuldrechtlichen Anspruch, den aber in Höhe des gesetzlichen Erbteils, den im übrigen auch, falls das Kind stirbt, der Vater erhält; § 1934a Abs. 2.

Vormundschaft und Pflegschaft; Fürsorge

Nachdem nicht nur sozialwissenschaftlich ausgewiesen, sondern auch gesetzgeberisch verankert, die Ehe hoffnungslos überlastet ist, werden Abweichungen von der überlasteten Ehe verwaltet: ein vielfach durch die Gesetze geschaffener Bedarf, etwa bei verwahrlosten oder zu verwahrlosen drohenden Kindern (bei Unehelichen tritt ohnehin die Amtspflegschaft ein; § 1706 BGB), so das Jugendwohlfahrtsgesetz in der Fassung vom 6. 8. 1970. In gestaffelter Auffangordnung leisten die Jugendämter

a) Beistandschaft auf Antrag des Sorgeberechtigten;
b) Freiwillige Erziehunghilfe auch auf Antrag des Sorgeberechtigten, wenn er mit dem Kind nicht mehr umzugehen weiß;
c) Fürsorgeerziehung, die durch das Vormundschaftsgericht auf Antrag oder von Amts wegen angeordnet wird bei bis 17jährigen.

Auch hier, in dieser Regelung eine resignativ-institutionelle Reaktion auf den Zerfall der Kleinfamilie. In der Großfamilie, dem ganzen Haus, wurden Abweichler meist mitgetragen oder aber von vornherein ausgestoßen.

Ähnliches gilt für die Entmündigten, die Irren, die das BGB ja mit andächtigem Schauder anpackt: Entmündigt kann werden ... wer; vgl. Mörder ist ... wer (§§ 6 BGB, 211 StGB).

Das Abscheuliche wird vorangestellt. Während sonst Gesetze die Form der hinreichenden Bedingung haben (das Vorderglied ist kleiner als das Hinterglied), haben Irresein und der Mord die Form der Äquivalenz (beide Glieder sind gleich groß), was pathetisch klingt.

Ausstoßung zum Irresein

Die also schon durch die Sprachform Ausgestoßenen werden einrichtungsmäßig ausgegrenzt. Für die Mörder halten wir Gefängnisse bereit, für die Irren Irrenanstalten, für die Verwahrlosten oder zu verwahrlosen Drohenden Heime.

Bei der Bestimmung der Verwahrlosung wird, hier hat die Frauenemanzipation recht, in geschlechtsspezifischer Weise verfahren: Mädchen mit häufig wechselndem Geschlechtsverkehr, amtsdeutsch HWG, gelten als verwahrlost - Jungen nicht. Gleichberechtigung hin und her: Die alten Muster brechen an verstohlenen oder an gar nicht verstohlenen Stellen doch wieder durch.

Wir denken hier mit Wehmut an das gar nicht so finstere Mittelalter zurück: Der Narr mit dem Schaum vorm Mund trifft uns vorm Stadttor an. Ihm werfen die Bewohner ein paar Scherflein zu. Er fängt sie auf; tanzt dafür. Huren (= Frauen zur Miete) gehörten zum geachteten Stand. Desgleichen Hebammen, die in der wütigen Mannskultur des Spätmittelalters, das die Neuzeit vorbereitete, zum großen Teil als Hexen verbrannt wurden; denn Hebammen entschieden über den Ausstoß oder das Auffangen von Abweichlern - ein Geschäft, das sich heute Staat und Kirche anmaßen.

Entmündigte oder sonstwie in der Geschäftsfähigkeit Behinderte stehen heute unter der Vormundschaft oder Pflegschaft. Die Abweichler (Devianten) werden vereinrichtet, und ähnlich wie bei der Scheidungsindustrie, nur in größerem Maße, tun sich Wohltätigkeitskonzerne auf, etwa Caritas, Diakonisches Werk, Rotes Kreuz, Arbeiterwohlfahrt, Samariterbund, Deutscher Paritätischer Wohlfahrtsverband oder Kinderschutzbünde, die sich um sie kümmern. Man schätzt, daß die Fürsorgeindustrie ca. 3 Mill. Arbeit und Brot gibt.

Wir können, aber müssen das nicht so deuten: Der Ausstoß zur Vormundschaft/Pflegschaft hin ist eine Sache der Definition: Man nennt die nächsthöhere Gattung und das unterscheidende Merkmal. Wer zum Beispiel »geisteskrank« ist, weiß man nicht genau. Man definiert aber beispielsweise Schizophrenie - im Gegensatz zum Mittelalter, als man sie frei laufen ließ.

»Geisteskranke« als Objekte des Vormunds

Bleiben wir speziell bei den Schizophrenen (schizo = ich spalte, phrenein = Denken; Bewußtsein). Versuche, die Laing, Cooper, Szász, Foudraine Basaglia, Pirelli in den angelsächsischen Ländern und in Italien anstellten, belegen: Von 1000 ist vielleicht einer endogen, das heißt von Geburt an, schizophren.

Es kommt eben auf die Mitteilungs- und Verkehrsweise mit ihnen an. Erik Wulff, der lange in Ostasien weilte, meint, er habe dort buchstäblich keinen »Schizo« angetroffen. Unsere Mitteilungsweise, unsere unsinnliche Sprache macht erst krank.

Zu den Geisteskrankheiten, die Entmündigung nach sich ziehen, zählen neben der Bewußtseinsgespaltenheit, im Frühzustand Oligophrenie, der zyklothyme Formenkreis = himmelhoch jauchzend/zu Tode betrübt und die echten Schädigungen etwa nach Hirnentzündung (Meningitis). All dies wirft § 6 BGB in einen Topf, um dann (das kennen wir: nicht das wesentliche ist wichtig, sondern das Meßbare) um so ausführlicher die Folgen auszugestalten: die Vormundschaft und Pflegschaft; §§ 1773-1921 BGB.

Der unter 18jährige, für den niemand sorgeberechtigt ist, erhält einen Vormund, der Volljährige, der entmündigt ist, auch; §§ 1773, 1896 BGB. Über den Vormund wacht das Vormundschaftsgericht. Grundstücksgeschäfte, Verfügungen über das »Vermögen im ganzen« bedürfen der Genehmigung des Vormundschaftsgerichts; §§ 1821, 1822. Wir können sagen: Bei längerfristigen und vermögensmäßig einschneidenden Geschäften muß das Vormundschaftsgericht befaßt werden.

Das Vormundsrecht greift ins Sorgerecht ein. Nach § 1643 BGB können die Eltern nicht rechtsgeschäftlich frei für das Kind Rechtsgeschäfte schließen - eben die einschneidenden der §§ 1821, 1822. Diese Vorschrift ist oft eine Falle bei Klausuren für Juristen: Der Vater kann ein seiner 17jährigen Tochter gehörendes Grundstück nicht einfach verkaufen; der Vormundschaftsrichter muß das vielmehr genehmigen.

Verfahren

Vormundschaftssachen sind wie Nachlaßsachen ein Teil der Freiwilligen Gerichtsbarkeit, die im Gesetz über die Freiwillige Gerichtsbarkeit vom 17. 5. 1898 geregelt sind. Die Amtsgerichte treten auch für die Annahme eines Kindes an Kindes statt ein (Adoption):

»Die Annahme als Kind ist zulässig, wenn sie dem Wohl des Kindes dient und zu erwarten ist, daß zwischen dem Annehmenden und dem Kind ein Eltern-Kind-Verhältnis entsteht«; § 1741

Abs. 1 BGB. Dazu ist das Jugendamt zu hören; § 48a JWG. Der Vormundschaftsrichter muß auch das Jugendamt etwa bei Herausgabe eines Kindes anhören, bei der Aufteilung des Sorgerechts nach Scheidung, bei Verwirkung des Sorgerechts nach Verurteilung und ähnlichem.

Festzuhalten beim Familienrecht bleibt, daß der Staat der Familie darin nicht recht traut, daß sie die ihr obliegenden Aufgaben bewältigt. Daß er sie schützt, folgt aus der Gebrechlichkeit der Kleinfamilie im Industrialismus, die der Staat aber wiederum fördert.

Der Staat verhält sich der Familie gegenüber schizophren oder widersprüchlich: Er möchte die Familie erhalten, schafft indessen Bedingungen, also hinreichende Tatsachen, welche die Familie zerstören. Gerade für die Familie gilt, was Gustav Radbruch meinte: Wir brauchen keine besseren Gesetze, sondern etwas Besseres als Gesetze.

5. Schützen und Abschirmen

Gleichwie ursprünglich Privat- und Strafrecht in eins flossen und, denkt man etwa an Ladendiebstähle oder Betriebsjustiz, heute sich wieder annähern, so auch privates und öffentliches Recht. Als Privatrecht galt früher inhaltlich, was das Wohl der einzelnen, als öffentliches Recht, was das Wohl des Gemeinwesens anzielt.

Dann verstand man unter Privatrecht Abmachungen unter Gleichgestellten, unter öffentlichem Recht zweierlei:

a) das Recht der Hoheitsträger (etwa Bund, Land, Gemeinde) unter sich;
b) das Recht des Bürgers gegenüber den Hoheitsträgern.

Kennzeichnet sich diese Art von Privatrecht durch Freiheit und Selbstbestimmung (Autonomie), so das öffentliche Recht durch Unterordnung und Zwang (Hierarchie).

Heute neigt man zu einer ausgefeilteren Auffassung. Tritt der Hoheitsträger als Vertragspartner auf, etwa bei der Lieferung von Strom, so unterliegt er Gesetzen, die auch im Privatverkehr für alle gelten, obgleich er einziger Anbieter am Markt ist. Verwendet er dagegen hoheitlich geschaffenes Sonderrecht, etwa bei der Organisation von Schulen, unterliegt er öffentlichem Recht, hier dem (Schul-)Verwaltungsrecht. Dieser Bereich erweitert sich in dem Maße, in dem eine Körperschaft des öffentlichen Rechts selber Leistungen anbietet oder, um ein von Forsthoff verwendetes Wort Heideggers anzuführen: Daseinsvorsorge betreibt.

Mieter und Arbeiter

Eine andere Erweiterung hoheitlicher Betätigung in nach liberalem Denken den Parteien zu überlassenden Bereichen liegt im Miet- und Arbeitsrecht: Der Gesetzgeber nimmt wahr, daß der Vermieter gegenüber dem Mieter sowie der Arbeit»geber« gegenüber dem Arbeit»nehmer« die Stärkeren sind.

Der Staat schützt die Schwächeren, indem er die Rechte der Stärkeren, vor allem deren Kündigungsrechte, einschränkt: Allgemeiner Mieterschutz nach dem Mieterschutzgesetz vom 18. 12. 1974 und allgemeiner Kündigungsschutz nach dem Kündigungsschutzgesetz vom 25. 8. 1969.

In beiden Fällen rechtfertigen nur besondere Gründe die Kündigung, das heißt die einseitige Aufhebung des Miet- und Dienstvertrages durch den Stärkeren; §§ 564b BGB; 1–14 Kündigungsschutzgesetz.

Besondere Kündigungsgründe liegen erst einmal in der Person des Mieters/Arbeiters, etwa bei schuldhafter und nachhaltiger Verletzung des Miet- und Dienstverhältnisses, zum anderen beim Mietvertrag im Eigenbedarf des Vermieters an der Wohnung, und beim Dienstvertrag sind es »dringende betriebliche Erfordernisse, die einer Weiterbeschäftigung des Arbeitnehmers in diesem Betrieb entgegenstehen«; § 1 Abs. 2, Satz 1 KSchG.

Also etwa: Absatzschwierigkeiten, Rohstoffknappheit, Auftragsmangel, aber auch selbstgeschaffene Umstände, zum Beispiel Wegfall von Arbeitsplätzen oder Notwendigkeit der Neubesetzung durch Formalisierung/Rationalisierung/Automatisierung.

Bei der richterlichen Nachprüfbarkeit des betrieblichen (nicht persönlichen) Grundes zur Kündigung springt die Parallele zum allgemeinen Verwaltungsrecht ins Auge: Die Gültigkeit oder Rechtmäßigkeit unternehmerischer Entscheidung wird wie beim gesetzmäßig ergangenen Verwaltungsakt unterstellt. Und wie der Verwaltungsakt bei Fehlermessen ungültig werden kann, so auch die Kündigung, wenn sie offenbar »unsachlich, unvernünftig und willkürlich« ist, wie das Bundesarbeitsgericht sich ausdrückte.

Negative Kündigungsschutzgründe sind: Die Kündigung verstößt gegen gewisse Richtlinien des Betriebsverfassungsgesetzes v. 15. 1. 1972, oder der gekündigte Arbeiter hätte im selben Betrieb oder Unternehmen weiterbeschäftigt werden können. Zusätzlich muß, falls der Arbeit»geber« bei Vorliegen positiver Gründe kündigt und die negativen Gründe vorliegen, der Betriebsrat fristgemäß widersprochen haben – wieso ist unklar, zumal die Umsetzungsmöglichkeit bei Kündigung aus betrieblichen Gründen geprüft werden sein mußte, ohne daß es da auf rechtzeitige Geltendmachung durch den Betriebsrat ankam. Trotz betrieblicher Erfordernisse, die eine Kündigung tragen, ist diese unwirksam, etwa wenn der gekündigte Arbeiter unsozial ausgewählt wurde;

– Sie haben zwar Ihren Prozeß verloren . . ., aber Sie haben doch sicher mit Vergnügen mein Plädoyer genossen.

bei gleicher betrieblicher Stellung etwa der Familienvater statt des Ledigen.

Bei aller Ähnlichkeit zwischen dem Mieter- und dem Kündigungsschutzgesetz ist zu beachten: Mietstreitigkeiten werden vor den ordentlichen Gerichten verhandelt. Sie machen neben Bauprozessen den Großteil der amtsgerichtlichen Verfahren aus. Arbeitssachen dagegen werden vor den Arbeitsgerichten in drei Instanzen verhandelt ähnlich wie Verwaltungs-, Sozial- und Finanzstreitigkeiten. Das liegt an den über das Dienstverhältnis hinausweisenden Einrichtungen im Arbeitsrecht, das sich damit dem öffentlichen Recht annähert, vor allem am Betriebsverfassungsgesetz von 1972, das eine Art Rahmensatzung für Betriebe vorschreibt, und dem Tarifrecht.

Betriebsverfassung und Tarif

Das Betriebsverfassungsgesetz will verhindern, daß Herrschafts- und Leitungsbedürfnisse, die grundsätzlich dem Eigentümer eines Betriebes zustehen, über den Kopf der Betroffenen hinweg einseitig linear, meist auf Profit erpicht, ausgeübt werden. Es will - wie etwa auch in Hochschulen und im Bauplanungsrecht - die Mitwirkung der Betroffenen sichern. Mitbestimmung meint den solidarischen Einfluß betroffener Gruppen - dies indes nur nach dem Vertretergrundsatz der in Art. 38 GG festgeschriebenen repräsentativen Demokratie. Vergleichbar etwa dem Senat einer Hochschule oder dem Aufsichtsrat einer Kapitalgesellschaft agiert der Betriebsrat eines Betriebes.

Die Bedeutung des Arbeitsrechts liegt im Tarifvertrag. Dieser wird zwar meist zwischen Rechtssubjekten des Privatrechts geschlossen. Im Unterschied zu einem Privatvertrag indessen enthält er nicht nur schuldrechtliche Abmachungen, sondern er bindet auch - gleich einem Gesetz - Außenstehende, die nicht Vertragspartei sind (normativer Teil im Unterschied zum schuldrechtlichen Teil des Tarifvertrages).

Wegen dieses hoheitlichen Einschlags wird etwa bei Anfechtung wegen Irrtums und Täuschung, die sonst wie im bürgerlichen Recht erklärt werden kann (§§ 119, 123 BGB), der Tarifvertrag nicht von Anfang an nichtig, sondern erst vom Zeitpunkt der Anfechtung - entgegen § 142 BGB.

Entgegen § 139 BGB wird weiter bei Nichtigkeit eines Teils des Tarifvertrags vermutet, daß die übrigen Teile gelten.

Die Zwischenstellung des Tarifrechts zwischen privatem und öffentlichem Recht schlägt sich auch in der Tariffähigkeit nieder, das heißt in der Regelung der Frage, wer Partner eines Tarifvertrages sein darf. Dies sind nach § 2 des Tarifvertragsgesetzes in erster Linie Gewerkschaften und Arbeitgeberverbände, also: Vereinigungen, die die Erhaltung und Förderung von Arbeitsbedingungen anzielen, die von einiger Dauer und körperschaftlich organisiert sind. Diese Vereinigungen müssen weiter, auf daß sie nicht der öffentlich-rechtlichen Unterordnung unterfielen, privatrechtlich gegründet und geführt sein.

Handwerksinnungen können entgegen diesem Merkmal indes tariffähig sein. Tariffähige Vereinigungen können keine Gegner (also: Unternehmerverbände, Gewerkschaften) in sich schließen. Sie müssen frei und unabhängig vom Gegner sein. Sie dürfen auch nicht von Staat, Kirche und Partei abhängen und müssen über ein einzelnes Unternehmen hinausgreifen. Sie umfassen bestimmte Wirtschaftszweige.

Beherrscht ein Monopolbetrieb, wie etwa die Post, die geschichtlich deswegen ein Monopol hat, weil sie seinerzeit mit den monopolistischen zu Thurn und Taxis bezüglich der Investitionen nicht gleichziehen konnte - beherrscht also ein einziger Betrieb den Markt, so können auch auf Betriebsebene tariffähige Vereinigungen gebildet werden. Tariffähig ist schließlich nur, wer auch Tarifverträge abschließen will.

Inhaltlich verbieten Abschlußnormen etwa die Arbeit von Frauen und Jugendlichen an gefährlichen Plätzen oder gebieten die Wiedereinstellung von Arbeitern nach Arbeitskämpfen.

Am schwersten ins Gewicht im normativen Teil fallen Abmachungen über Lohnhöhe, Zulagen, Fortzahlungen bei Krankheit oder Urlaub, Kündigungsfristen und -arten, Ruhegeld, Ausgleichzahlung bei Kündigung, Gestattung der Verlängerung der Arbeitszeit gemäß § 7 der Arbeitszeitordnung. Im normativen Teil können auch bestimmte Betriebsnormen, zum Beispiel über Waschanlagen, vereinbart werden, betriebsverfassungsrechtliche Normen dagegen kaum. Denn denen hat das Betriebsverfassungsgesetz vorgegriffen.

Zum schuldrechtlichen Teil gehört die nicht weiter zu vereinbarende Friedenspflicht der Partner. Sie haben die Vereinbarungen einzuhalten, solange der Vertrag gilt: Jede Partei kann fristgemäß kündigen oder wie im allgemeinen Privatrecht bei veränderter Geschäftsgrundlage Änderungen verlangen. Sie darf sie aber, solange die Vereinbarungen gelten, nicht mit Kampfmaßnahmen durchzusetzen suchen.

In der sozialen Praxis haben Tarifverträge eine kaum zu überschätzende Auswirkung. Obzwar sie hoheitlichen Plänen gleichen - sie sind konkret-generell wie etwa die öffentlichen Haushalte - entstammen sie Verhandlungen, seltener Schlichtungen und, wenn denen, dann doch wieder Verhandlungen, weil Schlichtungen selten verbindlich sind.

Tarifverträge betreffen den weit überwiegenden Teil der Lohnabhängigen, das heißt in der Bundesrepublik ca. 20 Millionen Beschäftigte.

Arbeitskampf

Bei seinen zaghaften Versuchen, den Arbeitskampf (Streik, Aussperrung) zu regeln, biß der Gesetzgeber auf Granit. Er sah sich zu starken Gruppierungen gegenüber, als daß er eine irgendwie geartete hoheitliche Regelung hätte durchsetzen können. Faktisch ist denn auch, da oft kein Verhandlungsergebnis zu erzielen war, das Bundesarbeitsgericht zu Kassel an die Stelle des Gesetzgebers getreten.

Grundsätzlich unbestritten ist die Zulässigkeit des Arbeitskampfes, gleichviel, ob diese nun aus der Vereinigungsfreiheit des Art. 9 Abs. 3 Satz 1 GG hergeleitet werde, aus der europäischen Sozial-Charta, aus Art. 74 Betr.Verf.Ges. oder anderswoher. Es geht nur um die Grenzen, die einmal einzelvertraglich, dann als unerlaubte Handlung oder als tarifwidrige Handlung eingeordnet werden können. Statt hier die vielen und schnell überholten Subtilitäten auszubreiten, die den Leser im Recht des Arbeitskampfes verwirren, führe ich das Urteil des Bundesarbeitsgerichts vom 12. 9. 1984 (BGA-Entscheidungen, Bd. 46, S. 322) an.

Es ging darum, ob, wie der baden-württembergische Metall-Arbeitgeberverband meinte, die von der IG Metall während der Tarifrunde im Frühjahr 1981 organisierten Warnstreiks rechtswidrig waren.

Der 1. Senat des BAG wies die Klage aus verschiedenen Gründen ab. Er wies insbesondere die Ansicht der Arbeitgeber zurück, zum Inhalt der Koalitionsfreiheit gemäß Art. 9 Abs. 3 GG zähle die Freiheit, geforderte Abmachungen abzulehnen, und dies in freiwilliger Entscheidung. Die entsprechende Passage lautet:

»Zum verfassungsrechtlich geschützten Bereich einer koalitionsmäßigen Betätigung gehört das Recht, die Arbeits- und Wirtschaftsbedingungen durch Tarifverträge zu regeln. Dieses Recht schließt die Befugnis ein, den Abschluß eines Tarifvertrags mit einem bestimmten Inhalt abzulehnen (vgl. Urteil des Senats vom 14. Juli 1981 - 1 AZR 159/78 - BAG 36, 131, 137 = AP Nr. 1 zu § 1 TVG Verhandlungspflicht, zu III 1 der Gründe). Dieses Recht wird aber nicht verletzt, wenn der tarifliche Gegenspieler durch Arbeitskampfmaßnahmen oder nur durch die Androhung solcher Maßnahmen Druck auf den Arbeitgeberverband ausübt, um dessen Entscheidung zu beeinflussen. Das Tarifvertragssystem, in dessen Rahmen sich die koalitionsmäßige Betätigung des Arbeitgeberverbands entfalten kann, geht davon aus, daß Tarifverträge letztlich nur unter dem Druck zumindest möglicher Arbeitskämpfe zustande kommen. Es gibt daher kein ›druckfreies Verhandeln‹ und kein Recht einer Koalition, frei von Druck verhandeln zu dürfen. In der Androhung oder Führung von Arbeitskämpfen liegt daher keine Beeinträchtigung des jeweils gegnerischen Rechts auf koalitionsmäßige Betätigung.« (Siehe Seite 332)

Wirtschaftsverwaltung

Sozial gesehen, nicht normativ, bildet die Kehrseite des Arbeitsrechts das Wirtschaftsverwaltungsrecht, das sich indessen als eigener Rechtszweig nicht etablieren konnte - und nicht können wird. Nimmt das Wirtschaftsverwaltungsrecht in den sozialistischen Ländern einen gewaltigen Raum ein, so führt es in den westlichen Staaten ein Schattendasein.

Das von westlichen Volkswirtschaftslehrern entwickelte Muster von Markt- und Zentralverwaltungswirtschaft paßt: Im Osten tritt der Staat a) als hoheitliche b) als wirtschaftende Größe auf. Daher auch die Trennung der Eigentumsarten je nach Aufgabe: einmal als persönliche Habe, das andere Mal als mehrwerthekkende Produktivkraft. Im Westen dagegen werden Eigentum und

Freiheit formal gleich behandelt, ohne daß nach deren unterschiedlicher Stellung und Auswirkung gefragt wird. Die Trennung liegt hier zwischen Staat, der mit Gleichheit die Freiheit verbürgt, denn alle sind vor dem Gesetz (als *citoyens*) gleich, und der Gesellschaft, die gerade dank Ungleichheit Wohlfahrt stiftet (dem *bourgeois*).

In der Gesellschaft, dem »System der Bedürfnisse«, so der deutsche Philosoph Hegel, herrschen andere Gesetze, nämlich die der möglichsten Steigerung der Ergiebigkeit, als im Staat, nämlich die der höchstmöglichen Freiheit. Nimmt in westlichen Formationen die Religion, nimmt »Gott« nur eine Randposition ein, so in östlichen der in der Gesellschaft sterbende Gott, der Klassenkampf, vertreten durch die Partei, eine zentrale.

Vor diesem ideologischen Hintergrund begreift man leicht, wieso etwa im Lehrplan östlicher Jurastudenten Politökonomie und Wirtschaftsverwaltungsrecht vor allen anderen Rechtsgebieten rangieren und bei uns bürgerliches, Straf- und öffentliches Recht. (Zur Wirtschaftsverwaltung im folgenden: Rolf Stober: Wirtschaftsverwaltungsrecht. Stuttgart/Berlin/Köln/Mainz 1980).

Man muß sich das so vorstellen: Im Osten stehen alle Schaffer im Dienste des Staatshaushalts, des Plans. Der Plan ist als auch bei uns zulässiges Maßnahmegesetz. Es regelt zur Erreichung bestimmter Ziele einen greifbaren Sachverhalt für alle, wie etwa bei dem Gesetz über die Gründung des Großen Erftverbandes, dem zwangsweise alle Eigentümer der im Verbandsgebiet betriebenen Braunkohlebergwerke zur Förderung der Wasserwirtschaft angehören (Entscheidungen des Bundesverfassungsgerichts, Band 10, S. 89, 108) oder bei dem Investitionshilfegesetz (vgl. BVerf.Ger., Entscheidungen Bd. 4, S. 7, 18).

Im Wirtschaftsverwaltungsrecht des Ostens hat jedenfalls bei wichtigen Investitionsgütern der Markt keine Chance. Die hoheitlich-planmäßige anbefohlene Lieferung sticht den privaten Kauf – nicht Tausch, der zunimmt! – aus. Mangels einer Währung, die Knappheiten ausdrückt, kennt der »Ostblock« im Gegensatz zum dollarbestimmten »Westblock« kaum realistische Preise. Der auf Verrechnungsrubel abgestimmte Ostblock lehnt sich deswegen auch im Intra-Block-Tausch an westliche Knappheitsverhältnisse – auch Währungen werden wie Waren gehandelt – an. Selbstredend also, daß im Osten das Wirtschaftverwaltungsrecht von hervorragender Bedeutung ist.

Sozialhilfe

§ 4 des Sozialhilfegesetzes vom 18. 9. 1969 räumt jedem einen Anspruch auf Sozialhilfe ein, und zwar in der Weise der persönlichen, der Geldhilfe oder der Sachleistung. Die persönliche Hilfe, meist von Mittel- den Hauptschichtlern angedient, streichen wir, da unbedeutend. Meist geht es auch nicht um Sachhilfen, sondern, wie beim Unterhalt, in unserer Gesellschaft um Geld, schönfärberisch als »Hilfe zum Lebensunterhalt« umschrieben.

Diese ist dem zu gewähren, »der seinen notwendigen Lebensunterhalt nicht oder nicht ausreichend aus eigenen Kräften und Mitteln, vor allem aus seinem Einkommen und Vermögen, beschaffen kann«; § 11 Abs. 1 Satz 1 des Bundessozialhilfegesetzes.

Immerhin bleibt beachtenswert der öffentlich-rechtliche Anspruch der Bedürftigen gegen den Staat, der ja, steuerten doch früher Wohltätigkeitsvereine die Armut, so selbstverständlich gar nicht ist. Denn auch hier wieder tritt der Staat als Schützer und Erhalter der Schwachen auf, wie beim Kündigungsschutz für Mieter und Arbeiter. Und auch hier sieht er abseits der allgemeinen Anspruchsnorm besondere Hilfen für Aufbau der eigenen Lebensgrundlage für Ausbildung, für Kranke, Wöchnerinnen, Behinderte, Alte und ähnliche vor; § 27 BSHG.

Der Regelbedarf für Bedürftige wird höchstenorts festgelegt, § 22 BSHG, und zwar durch Rechtsverordnung (Regelsatzverordnung vom 20. 7. 1962), die je nach Lebensalter laufende Leistungen für Heizung und Unterbringung staffelt.

Staatskirchen

Der Eingliederung der Amtskirchen in das bundesdeutsche Sozialgefüge ist durch den Tendenzschutz des Bundesverfassungsgerichts ein Riegel vorgeschoben, und zwar dank Art. 140 GG. Dieser bezieht die Art. 136–139 und 141 der (Weimarer) Reichsverfassung vom 11. 8. 1919 ins Grundgesetz ein. Art. 137 Abs. 1 Weimarer Verf. besagt: »Es besteht keine Amtskirche«. Aber Art. 137 Abs. 3 besagt auch: »Jede Religionsgemeinschaft ordnet und verwaltet ihre Angelegenheiten selbständig innerhalb der Schranken des für alle geltenden Gesetzes. Sie verleiht ihre Ämter ohne Mitwirkung des Staates oder der bürgerlichen Gemeinde.«

Was besagt: Wie's darinnen aussieht, geht niemand was an.

Dem entspricht § 10 des Bundessozialhilfegesetzes. Danach sollen bei aller gewünschten Zusammenarbeit zwischen staatlichen und »freien« Wohlfahrtsverbänden die staatlichen auf die »Selbständigkeit in Zielsetzung und Durchführung« der Aufgaben der freien Wohlfahrtsverbände achten; § 10 Abs. 2 BSHG.

Die Aufnahme der Artikel 136–139 und 141 der Weimarer Reichsverfassung ins Grundgesetz durch Art. 140 GG war eine Verlegenheitslösung. Der Parlamentarische Rat, der die Verfassung entwarf, sah sich außerstande, im Staatskirchenrecht etwas Neues zu schaffen, zumal sich die entsprechenden Artikel der Weimarer Reichsverfassung vermeintlich bewährt hätten.

So besetzt die katholische Kirche gemäß dem Codex Juris Canonici von 1917 die von ihr zu vergebenden Ämter selbständig. Und gemäß Canon 754 des Codex Juris Canonici von 1983 haben alle Gläubigen die Beschlüsse der Kirche in bezug auf die rechtsmäßige Sache und die zu verwerfenden Abweichungen zu befolgen. Dabei erhebt sich die Frage, inwieweit Grundrechte, die auch Abwehrrechte gegen Dritte und nicht nur den Staat sind, auch die Kirche binden. Beispielsweise hat der Deutsche Caritas-Verband Arbeitsvertragsrichtlinien (AVR) erlassen: Im Arbeitsvertrag unterwirft sich der kirchlich Bedienstete den Sittengesetzen der katholischen Kirche. Hier hat das Bundesarbeitsgericht am 25. 4. 1978 (Entscheidungen Band 30, S. 247) entschieden, daß einer Leiterin eines katholischen Kindergartens, die einen geschiedenen Mann heiratet, fristlos gekündigt werden kann. Selbst wenn, wie im Falle der Unauflöslichkeit der Ehe, kirchliche Bürokratie und Laienbewegung stritten, müsse die Formulierung des kirchlichen Standpunktes »doch den verfaßten Kirchen überlassen bleiben«, ohne daß damit die Kirchen gegen Art. 6 GG verstießen.

In einem anderen Fall, der beim Arbeitsgericht Hagen begann und vorm Bundesverfassungsgericht endete, ging es darum, ob die Gewerkschaft Öffentliche Dienste, Transport und Verkehr in einer kirchlichen Einrichtung, dem Johanna-Helenen-Heim Volmarstein, Mitglieder werben dürfe (Bundesverfassungsgerichts-Entscheidungen, Band 57, S. 220).

Die kirchliche Anstalt versagte außenstehenden Gewerkschaftlern den Zutritt; bedienstete Gewerkschafter waren ohnehin der amtskirchlichen Disziplin unterworfen. Sie unterlag bis zur Revision beim Bundesarbeitsgericht und bekam auf ihre Verfassungsbeschwerde hin vom Bundesverfassungsgericht recht: Die Anstalt unterliege der selbständigen Ordnung und Verwaltung durch die Kirche; außenstehende Gewerkschafter könnten sich nicht auf die Vereinigungsfreiheit des Art. 9 GG berufen.

Etwas derb gesagt: Hören für den weltlichen Arbeitnehmer die Grundrechte vor dem Fabriktor noch lange nicht auf, so doch für den kirchlichen, und sie hören für den katholisch Bediensteten schon vor der Schlafzimmertür auf.

6. Herrschen und Beherrschtwerden

Die Herrschaftsverhältnisse treten im öffentlichen Recht klar und deutlich zutage.

Öffentlich ist, das Prozeß- und Strafrecht eingerechnet, der überwiegende Teil unseres Rechts. Hauptrechtsmassen des öffentlichen Rechts bilden das Staats- und das Verwaltungsrecht. Die Normen des Staatsrechts, wie wir sie in den Verfassungen, bei uns im Grundgesetz, vorfinden, teilen die Eigenheit der (abstrakt-generellen) Gesetze, für alle in ihnen benannten Fälle zu gelten und sich an alle Bürger zu wenden.

Das genaue Gegenteil bildet das Herzstück des Verwaltungsrechts, der Verwaltungsakt. Er wendet sich an einen bestimmten Bürger oder bestimmte einzelne Bürger und schreibt ihnen eine bestimmte Handlung oder ein bestimmtes Unterlassen vor. Er stammt aus dem französischen Verwaltungsrecht und heißt dort *acte administratif.*

Hier dünkt mich die Wortgeschichte von einigem Belang, die zugleich Kultur- und politische Geschichte ist. Administrare = Andienen; Minister = Diener; Ministrant = Gottesdienstdiener.

Was hat Verwalten (zusammenhängend mit Welt; russisch vlast = Macht, Gewalt) mit »Dienen« zu tun? Den Bezug finden wir im Hof der fränkischen Könige und Kaiser. Diese wurden vom königlichen Beamten wie Truchseß, Marschall oder Kämmerer persönlich bedient. Privatschatulle und Staatskasse (Fiskus) waren ein und dasselbe. Im Zuge der Funktionalisierung und Formalisierung wurden diese Aufgaben namenlos. Sie wurden ausgelagert und allgemeinen Vorschriften unterworfen. Gleichwohl behielt der jeweilige Amtsinhaber den Namen »Minister« bei; aus dem Marschall, der für des Königs Stallungen und Pferde zu sorgen hatte, entstand das, was wir heute Verkehrsministerium nennen; der Kämmerer, den wir heute noch auf Gemeindeebene kennen, wurde zum Finanzminister und ähnliches.

Beibehalten wurde in der Verwaltung oder Administration vor allem das Unterordnungsgefüge, die hierarchische Struktur, die

Der Vorsitzende

nicht nur die Verwaltung, sondern das gesamte öffentliche Recht kennzeichnet – jedenfalls in unserem Staatswesen, in dem Vertreter für das Volk handeln (repräsentative Demokratie).

Staat

Quell unseres Verfassungs- oder Staatsrechts ist das Bonner Grundgesetz vom 23. 5. 1949. Es ist von Gelehrten nach dem Schock des Nationalsozialismus verfaßt und nie vom Volke per Abstimmung gebilligt worden. Es schreibt die Vertreterdemokratie fest:

»Alle Staatsgewalt geht vom Volke aus. Sie wird vom Volke in Wahlen und Abstimmungen und durch besondere Organe der Gesetzgebung, der vollziehenden Gewalt und der Rechtsprechung ausgeübt«; Art. 20 Abs. 2 GG.

Die »Abstimmungen« darf man nicht ernst nehmen. Außer im Falle des Art. 29, der für den Fall einer Neugliederung des Bundesgebiets Volksbegehren zuläßt, kennt das GG keine Volksabstimmungen. Denn die widersprächen dem im Art. 38 GG festgelegten Grundsatz der parlamentarischen oder Vertreterdemokratie – jedenfalls nach absolut herrschender Ansicht. Sollten in Länderverfassungen Volksabstimmungen vorgesehen sein, werden sie allenthalben erschwert. Die Schatten der Weimarer Demokratie schreckten die Verfassungsmacher und -ausleger so sehr, daß sie, von tiefem Mißtrauen gegen die politische Reife des Volkes beseelt, die unmittelbare Volksherrschaft mit allen Mitteln abwenden wollen. Nur bei Wahlen, das heißt alle vier Jahre, darf sich der »mündige Bürger« melden.

Dazwischen hat er zu schweigen.

Um so stärker wirken die Verbände (Lobbyisten) und Fraktionen auf die Abgeordneten ein, die, so Art. 38 Abs. 1 Satz 2, »an Aufträge und Weisungen nicht gebunden und nur ihrem Gewissen unterworfen« sind. Dies ist und war Fiktion.

Vor allem wird Art. 38 GG durch Art. 21 GG gekontert, der den Parteien eine entscheidende Mitwirkung bei der Willensbildung des Volkes einräumt. Diese Parteienmitwirkung ist absolut neu, und angesichts Art. 21 ist es unverständlich, wieso Fraktionszwang erlaubt und das imperative Mandat, das den Abgeordneten an die Beschlüsse der Basis bindet, verboten sein sollen. Gewärtigt man dazu den verheerenden Niedergang der öffentlichen

Moral seit dem Parteispendenskandal, im Zuge dessen von einigen unserer Volksvertreter dem Volke Steuerhinterziehung größten Ausmaßes vorgemacht wurde, so dürfte die Frage erlaubt sein, ob das sogenannte Parteienprivileg des Art. 21 GG eine glückliche Eingebung war.

Der Staat sichert den Austausch

Nach der vorherrschenden neuliberalen Doktrin trägt *der* zum größten Gemeinwohl bei, der am folgerichtigsten an sich denkt und für sich schafft. Wirtschaftlich gesehen tragen Schuld-, Familien-, Sachen- und Erbrecht zum allgemeinen Wohlstand bei. Nach dieser Lehre ziehe sich der Staat also tunlichst zurück und senke die Steuern vor allem für Unternehmer, die ja durch Anlage von Kapital uns reicher machen.

Wofür der Staat aufkommen muß, das sind lediglich die Organisationskosten des Kapitals: Ausbau und Sicherung der Verkehrswege, der Waren- und Geldströme; Sicherung der Zwangsvollstreckung gegen den Auslandsschuldner (notfalls mit Gewalt) und Sicherung des Geldumlaufs. Die von der Zentralbank auszuschüttende Geldmenge bemesse man zentral an dem zu erwartenden Geldwertschwund oder der Inflationsrate plus dem zu erwartenden Anstieg an Arbeitsergiebigkeit (vgl. »neue Ökonomie«; Laplage; Friedman; Stichwort: Monetarismus).

Diese finstere Staatsauffassung, der Staat sei dazu da, um . . ., tritt uns erstmalig bei Hobbes mit seiner Ansicht entgegen, im Urzustand sei der Mensch dem Menschen Wolf *(Homo homini lupus)*. Ohne darniederhaltende Gewalt zerfleischten sich die Menschen. Es bedürfe daher eines »Übertieres«, des Leviathan, um die tödliche Sucht, übereinander herzufallen, zu beenden. Dieser Ansicht hingen dann auch Herder/Gehlen/Schelsky an: Sie gehen von einer verneinten Prämisse aus, dem Menschen als Mängelwesen, den es positiv aufzubauen gilt – eben durch Institutionen wie den Staat.

Den Staat vereinbaren wir alle

Geschichtlich von größter Bedeutung war die »Was-Woher«-Geburt des Staates aus dem Vertragsdenken. Der Staat ist demnach Gegenstand einer Übereinkunft.

Im Gesellschaftsvertrag - einem Gedankengebilde, keinem geschichtlichen Vorkommnis - schließen die Bürger unter sich den Vertrag, zum Erhalt der öffentlichen Ordnung und zur Niederhaltung der Gewalt den Staat einzusetzen. Der Staat beantwortet die Frage, wie die Freiheit aller mit dem Vernunftgesetz übereinstimmen könne. Schrankenlose Freiheit wäre Willkür. Die Beschränkung der Freiheit dagegen muß überzeugen. In Gegenkehr zum grundherrlichen (feudalen) Lehns- und Privilegienstaat sichert der Rechtsstaat die gleiche Behandlung aller Staatsbürger (*citoyens;* nicht Wirtschaftsbürger, *bourgeois*) durch gleiche Gesetze. Diese werden dank dem Willen aller *(volonté de tous)* erlassen. Läßt sich Einmütigkeit nicht herstellen, entscheidet die Mehrheit, die dann aber die Minderheit gegen eine mögliche Willkür der Mehrheit zu schützen hat. Verstößt der Staat als so vertragsgemäß eingesetzte Einrichtung gegen die Grundübereinkunft, soll und muß sich der einzelne dem Vertragsbruch widersetzen. Er handelt dann vernünftig und vertragsgemäß.

Dieses von Rousseau, Kant und anderen in vielen Spielarten ausgebaute Konstrukt wurde untermauert und verfeinert durch den Grundsatz der Gewaltenteilung. Die gesetzgebende Gewalt liegt beim Volk, dem *demos,* der *polis,* dem *populum.* Es ist die oberste Gewalt, die vor dem bürgerlichen Umsturz dem Fürsten oblag. Das fürstliche Element setzt sich, was die Hierarchie betrifft, in der Verwaltung fort, und die geistlich-klerikale Auserlesenheit im Juristenstand, der *noblesse de robe.* Diese Verquickung von grundsätzlicher Volksherrschaft und Einbau des Überkommenen in ein Gefüge sich wechselseitig unterstützender und überprüfender Gewalten bildet den Grundstock aller westlichen Verfassungen, auch den unseres Grundgesetzes.

Doch: Ließe es sich dabei bewenden, wären auch willkürliche Gesetze rechtens, wie etwa die Nazi-Judengesetze, die der Jude Hans Kelsen, einer der bekanntesten Rechtsgelehrten, denn auch als rechtens befand. Denn ausgehend von einer Grundnorm, die den gesetzesförmig erlassenen Normen Gültigkeit verleiht, muß man so denken.

Hier tritt uns wieder einmal der Hang entgegen, aus einem obersten Grundsatz *(Axiom)* widerspruchsfrei ein Gefüge abzuleiten, eine Terminologie. Das ist schon theoretisch willkürlich, gibt es doch selbst in einem endlichen Gefüge einen unableitbaren Satz, der dann die ganze Fachsprachlichkeit als willkürlich erscheinen läßt (vgl. den Gödelschen Beweis). Doch fand sich der Positivist des 19. Jahrhunderts noch an den Rechtsgedanken gebunden, so strich das Rechtsdenken im Dritten Reich den autoritären, ungebundenen Führerwillen hervor.

Zum Glück stellen die westlichen Rechtssysteme auch hier gegen solche Einseitigkeiten den gesunden Sinn. Sie binden nämlich die Gewalten an Grundnormen, die wir Grundrechte nennen. Die Grund- und Menschenrechte wurden erstmals in den Verfassungen von Virginia (1776) und dem revolutionären Frankreich (1789) ausgerufen und sind inzwischen Bestandteil aller, auch der sozialistischen, Verfassungen - unabhängig davon, wie es um deren Realisierung steht.

Der Staat wahrt die Grundrechte

Beenden wir die Staatsdeutungen mit der in den USA oft vertretenen Ansicht, neben der (kameralistischen) Bahnung der Güter- und Geldströme habe (ethisch) der Staat für die Menschenrechte einzustehen. Hier stoßen wir wieder, wie beim strafenden Staat, auf das Dilemma, daß der Staat um des »Was-Wozu« willen mordet und foltert, um den Menschenrechten zum Durchbruch zu verhelfen: also die eingerichtete und ausgeübte Schizophrenie, die in dem Maße unheilbar wird, wie allewelt sie nachahmt. Wer seine Gewalt geballt unter Verletzung der Menschenrechte einsetzt, um dieselben einzuführen, handelt wie der Vater, der seinen prügelnden Sohn verprügelt, um ihm das Prügeln abzuerziehen.

Wie nun auch immer die Menschen- und Bürgerrechte (= Grundrechte) begründet sein mögen: In ihnen und in ihrer Einlösung stellt sich eine Gesellschaft dar wie im Strafen. In dieser Hinsicht zählt die Bundesrepublik trotz aller von der Wirtschaft und den Parteien ausgehenden Beeinträchtigung zu den freiheitlichsten Staaten der Welt.

Nur müssen wir bemerken: Ohne die den Kernkraftwerk-Betreibern durch die sich auflehnenden Betroffenen aufgezwungenen

Sicherheiten wäre der GAU, der mangels »kritischer Masse« in Tschernobyl vorkam, in der Bundesrepublik Deutschland sicher wahrscheinlicher geworden. Es gilt also, auch das außerparlamentarische freiheitliche Potential unserer Bevölkerung einzubeziehen. Es gilt, der weitestgehend von jugendlicher Hoffnung (und natürlich: Erfahrungslosigkeit) getragenen sozialen Bewegung hin zum Sinnvollen-Sinnlichen Auftrieb zu geben.

Es gilt, die Grundrechte, die das Grundgesetz allem voranstellt, gegen die vom Grundgesetz installierten Organe in Schutz zu nehmen, ohne gleich auf das Recht des Widerstandes (Art. 20 Abs. 4 GG) zurückgreifen zu müssen, das die SPD den seinerzeit staatsbesitzenden Parteien als Ausgleich für weitere Staatsbefugnisse abfeilschte - für die sogenannten Notstandsgesetze, gegen die sich der erste Massenprotest in der bundesdeutschen Nachkriegszeit richtete: Spannungsfall, Art. 80a GG; Verteidigungsfall, Art. 115a–l GG; Verpflichtungen von über 18jährigen Männern (Kriegsdienst/Zivildienst) und im Verteidigungsfall der Bevölkerung, Art. 12a GG; Aufstellung und Einsatz der Streitkräfte im Spannungs- und Verteidigungsfall, Art. 80a.

Das Grundrecht auf Widerstand, das den Staat gänzlich verneint, wird, da wie der Tyrannenmord auf privatem Risiko beruhend, in unserem Staatswesen immer ein Schattendasein fristen. Anders dagegen die Grundrechte, für die der Staat sich selber stark machen kann, allen voran das Recht auf Freiheit und Gleichheit. Die in der französischen Revolution von 1789 ausgerufene 3. Losung: Brüderlichkeit, kommt, sehen wir von der nach Art. 15 GG möglichen, nie aber ernsthaft erwogenen Vergesellschaftung ab, kaum zum Zuge.

Grundrechte

Bevor wir uns die einzelnen Grundrechte etwas näher ansehen, bemerken wir: Unser GG stellt die Grundrechte voran, ehe es auf die zentralen Artikel 20 (Rechts-, Sozial- und Bundesstaatlichkeit, Gewaltenteilung) und 38 (Volksherrschaft durch Vertreter) zu sprechen kommt. Das Grundgesetz nimmt auch in der Praxis die Grundrechte ernst. Es mißtraut indes der unmittelbaren Behauptung der Grundrechte durchs Volk. Ganz anders als in China und bei den indianischen Stämmen, denen es schlimmes Unheil bedeutete, mußte Gewalt ausgeübt werden, tritt bei uns sogar die Friedenserhaltung im Kriegsgewand des Gesetzes auf.

Sowenig wie das Strafen liegt die Behauptung der Grundrechte in der Hand des Volkes. Es läßt sich den Staat als Verbürger der Grundrechte bieten: den Staat, gegen den die Grundrechte zuvörderst gerichtet sind. Hier fällt die dem Staat obliegende Wahrung von Rechten, die gegen ihn gerichtet sind, hinter das Verbot des BGB zurück, als Vertreter im Namen des Vertretenen mit sich selber Rechtsgeschäfte vorzunehmen; § 181 BGB. Aber das öffentliche Recht zieht nie mit der Schärfe des bürgerlichen und Handelsrechts gleichauf.

Nehmen wir etwa die Enthüllungen über den »schrecklichen Juristen« Filbinger in der ZEIT oder über Strauß, Flick und Vietor im SPIEGEL, und halten wir uns Selbstamnestie-Versuche des Parlaments wie in der Spendenaffäre oder Maulkorb-Urteile wie die Ausschaltung der Grünen in Geheimdienstangelegenheiten vor, so müssen wir uns fragen, ob die staatsunabhängigen Einrichtungen nicht bessere Garanten für unsere Freiheit sind als die üblichen Großgebilde Gericht, Bürokratie, Kirche oder Wirtschaft.

Freiheit und Gleichheit

»Freiheit« gehört zu den ideologisch belastetsten Begriffen. Sie findet sich in allen Verfassungen, bei uns im Art. 2 Abs. 1 GG *vor* dem Recht auf Leben, Art. 2 Abs. 2 GG. Doch nirgendwo wird Freiheit definiert. Sie kann auch gar nicht als handlicher und meßbarer (operationalisierbarer) Begriff gehandelt werden. Nur allgemein können wir sagen: Jedes Gesetz schränkt die Freiheit ein. Sofern wir uns sogenannten natur- wie sozialwissenschaftlichen Gesetzen fügen, haben wir unsere freie Entfaltung schon eingeschränkt, bevor überhaupt Juristen zulangen.

Während Politologen, Soziologen, Psychologen, Pädagogen noch Gesetzmäßigkeiten herauszufinden suchen, schreibt der Gesetzesstaat vor, was der Gesetzesjurist ausführt. Nicht also in je dem und *dem* Gesetz liegt die Grenze der Freiheit, sondern in der Gesetzesförmigkeit überhaupt. Inhaltlich allerdings muß der Gesetzgeber beweisen, daß die Freiheitseinschränkung nötig ist. Praktisch liegt also im Freiheitssatz die Umkehrung der Beweislast zu ungunsten des Gesetzgebers.

Wie steht es um die Gleichheit? Überflüssigerweise bestimmt Art. 3 Abs. 1 GG »Alle Menschen sind vor dem Gesetz gleich«. Überflüssig deswegen, weil ja gerade das Gesetz dank seiner Form Gleichheit stiftet. Der Richter muß ja gerade das Gesetz gleich anwenden. Ein allgemeines Gesetz anwenden, meint dies und nur dies: es gleichmäßig anzuwenden. Es ist müßig, den Anwendungsbereich einer Norm wie des Gleichheitssatzes zu erörtern, weil diese Norm keinen eigenen Status hat, sondern, anders als das Freiheitsgebot, nur ein Merkmal der Gesetzesförmigkeit hervorhebt. Sinn hat der Gleichheitssatz nur insofern, als hinsichtlich der Geltung einer Norm weder gesagt werden kann: Du mußt hier unterscheiden, noch: Du darfst hier nicht unterscheiden. Vor dieser Frage stehen der Richter, der Gesetz anwendet, sowie der Gesetzgeber, stets. Doch dazu bedarf es keines eigenen Satzes im Grundrechtskatalog. Entweder wollte der Parlamentarische Rat den Losungen der französischen Revolution nachkommen, oder aber er hat das Gesetz nicht verstanden. Auf jeden Fall läuft das Gleichheits-»Grundrecht« ins Leere.

Von einem anderen Standpunkt aus ist die Vorschrift schief: »Jeder hat das Recht auf Leben und körperliche Unversehrtheit«; Art. 2 Abs. 2 Satz 1 GG. Denn: Leben trägt alle anderen Grundrechte; ein Leichnam kann keine mehr geltend machen. Ein Eigentümer seines Lebens - um mich in juristischen Begriffen auszudrücken - kann für seinen Tod nicht entschädigt werden. Rechtliches Dazwischentreten kann nur im Nachhall wirken. Folglich kann sich das Recht auf Leben nur gegen mögliche Töter richten. Es kann kein Grundrecht eines einzelnen sein, wohl aber das auf leibliche Unversehrtheit, das der rechtswidrig Versehrte (sêr = germanisch: Schmerz; wenn wir heute »sehr« schön sagen, meinen wir: schmerzhaft schön) für seine Person geltend machen kann.

Grundrechte übergreifen Staaten

Die Grund- und Menschenrechte überschreiten von vornherein die Grenzen eines einzelnen Staates.

Seit 1945 wurden staatenübergreifend über 40 Vereinbarungen über Menschenrechte getroffen. Naiverweise könnten wir meinen, die Menschenrechte seien dadurch fest verankert. Verfolgen wir nur als durchschnittlicher Hörer und Leser das Tagesgeschehen, so werden wir uns bald zu einer nüchterneren Einsicht bequemen.

1. Viele Staaten ratifizieren die Abmachungen nicht.
2. Viele Staaten behalten sich Ausnahmen vor.
3. Es fehlt an Durchgreifmechanismen. Der Menschenrechtsausschuß, der durch das internationale Abkommen betreffend die politischen und Bürgerrechte eingesetzt ist, kann nur Angelegenheiten bearbeiten, die ihm die vertragsschließenden Staaten unterbreiten.
4. Im Äußeren verhält es sich so wie im Inneren: Nicht einzelne sind Träger der Menschenrechte. Denn sie dürfen nicht auf Verletzungen der Staatsgewalt angemessen reagieren. So sind denn auch nur Staaten in völkerrechtlichen Abkommen Inhaber von gesetzlichen Rechten. Einzelnen werden diese Rechte in einer Art Akt der Mildtätigkeit gewährt. Hier indes ist die Europäische Menschenrechtskonvention zu rühmen. Ihr gemäß kann jeder in seinen Menschenrechten Verletzte sich persönlich an den Straßburger Gerichtshof wenden.

Sozialistische wie westliche Menschenrechtskundige stimmen allerdings darin überein, daß auch staatliche Gerichte nicht dazu neigen, Verletzte zu ermuntern, Ansprüche gegen den Staat zu stellen. Menschenrechte, und dies ist ein langer Prozeß, sind Sache der Überzeugung, sind Teil einer politischen Kultur. Die unmittelbare Überwachung der Mandatsträger und Richter durch die betroffenen einzelnen böte daher auch die beste Gewähr für die Einhaltung der Menschenrechte. Hier sollten wir dem Volk mehr vertrauen, als das Grundgesetz ihm vertraut.

Grundrechte können eingeschränkt werden

Im Art. 4 Abs. 3 wird vorgeschrieben: »Niemand darf gegen sein Gewissen zum Kriegsdienst mit der Waffe gezwungen werden. Das Nähere regelt ein Bundesgesetz.« Der zweite Satz meint den Gesetzesvorbehalt, also das Recht des einfachen Gesetzgebers, die Grundrechte auszulegen und damit auch einzuschränken.

Ähnliches ist für die Versammlungsfreiheit im Art. 8 GG vorgeschrieben, für die Freizügigkeit im Art. 11, für die Berufsausübung (nicht die Berufswahl) im Art. 12, für die Unverletzlichkeit der Wohnung im Art. 13, dann im Art. 16, der für alle Menschen gilt: Asylrecht für alle *politisch* Verfolgten, und schließlich für Wehr- und Ersatzpflichtige, Art. 17a GG: Deren Recht, sich frei zu äußern, Art. 5, sich frei zu versammeln, Art. 8, oder Eingaben an die Volksvertretung zu machen, Art. 17, kann gesetzlich eingeschränkt werden.

Einen gewissen Ausgleich für den besonderen Anstaltszwang des Heeres bildet der Wehrbeauftragte. Überhaupt gleicht der besondere Anstaltszwang dem Gesetzesvorbehalt: Wir unterliegen einem besonderen Anstaltszwang oder »Sonderrechtsverhältnis«, sei es im Betrieb, in der Schule/Hochschule, in der Behörde oder in der Fürsorge, selbst in der Familie. Begrifflich entspricht dieser Anstaltszwang dem Gesetzesvorbehalt und dieser der Ausnahme von der Regel: Du darfst nicht töten. In Notwehr doch. Deine Wohnung ist unverletzlich, bei Durchsuchungen gemäß Art. 13 Abs. 2 GG aber nicht. Du darfst nicht abgehört oder unfreiwillig gelesen werden, im Falle des Art. 10 Abs. 2 GG aber doch.

Nehmen wir zum Schluß die Beschränkung der Freiheit durch Datensammlung und -verarbeitung. Hier schreibt das Bundesdatenschutzgesetz vom 27. 1. 1977 im § 1 Abs. 1 vor:

»Aufgabe des Datenschutzes ist es, durch den Schutz personenbezogener Daten vor Mißbrauch bei ihrer Speicherung, Übermittlung, Veränderung und Löschung (Datenverarbeitung) der Beeinträchtigung schutzwürdiger Belange der Betroffenen entgegenzuwirken«.

Und § 3 BDSG bestimmt:

»Die Verarbeitung personenbezogener Daten, die von diesem Gesetz geschützt werden, ist in jeder ihrer in § 1 Abs. 1 genannten Phasen« - was für ein Deutsch, Herr Baum -

»nur zulässig, wenn

1. dieses Gesetz oder eine andere Rechtsvorschrift sie erlaubt oder
2. der Betroffene eingewilligt hat.«

Die Sammlung personenbezogener Daten »auf Vorrat zu bestimmten oder noch nicht bestimmten Zwecken«, wie das Volkszählungsgesetz von 1983 sie vorsah, ist verfassungswidrig; BVerfGE Band 65, S. 1 (46). Allgemein für die Grundrechte verbietet Art. 19 GG die Antastung des »Wesengehalts« eines Grundrechts. Der in seinen Rechten Verletzte kann dann die Gerichte anrufen; ist allerdings das Brief-, Post- oder Fernmeldegeheimnis verletzt, so kann das Gesetz bestimmen, daß diese Verletzung dem Betroffenen nicht mitgeteilt wird, sofern sie dem Schutz der Verfassung oder dem Bestand des Staates dient; Art. 19 Abs. 4, 10 Abs. 2 GG.

Wir stoßen auch hier auf die uns bekannte Rechtsfigur, daß der Staat, der Recht zu wahren hat, es verletzen kann, wenn es um ihn selber geht.

Bundesstaatlichkeit

Im Staatenbund behält jeder der Gliedstaaten seine volle Souveränität bei. Im Bundesstaat (Föderation) geben die Gliedstaaten, bundesdeutsch die Länder, ihre Hoheit in wesentlichen Teilen zugunsten des Verbands auf: Der Bund hält Auswärtiges und Streitkräfte sowie das Münzwesen in seiner Hand. Er regelt ausschließlich die Staatsangehörigkeit und das Paßwesen, den Großverkehr per Kanäle, Luft und Straßen (Autobahnen), bestimmt über Zölle und gewerblichen Rechtsschutz und zuletzt, aber nicht zum geringsten, über die »Statistik für Bundeszwecke«; Art. 73 Nr. 11 GG.

Sonst geht das Grundgesetz von der grundsätzlichen Zuständigkeit der Länder bei der Gesetzgebung aus, die indessen real, dank der mitlaufenden Gesetzgebung, zumeist Bundessache ist.

Gesetzgebung

Die Länder befinden über die soeben abgehandelten Gebiete: Verfahrens-, Straf- und bürgerliches Recht und andere Gebiete, sofern sie sich aus solchen Großrechtsmassen herausheben möchten, was sie weder können, noch wollen und auch gar nicht müssen. Die mitlaufende (das GG setzt dafür »konkurrierende Gesetzgebung«) Gesetzgebung weist also den Ländern wie dem Bund die gleiche Zuständigkeit (Kompetenz) zu: Die Länder sind hier zur Gesetzgebung befugt, solange und soweit der Bund seine Kompetenzen nicht nützt. Der Bund tritt als Wahrer der Einheitlichkeit auf, desgleichen als Ausgleicher unterschiedlicher Interessen der Länder; er kann etwa für den öffentlichen Dienst, für das Hochschulwesen sowie für Medien, Umwelt und Raumordnung Rahmenvorschriften erlassen; Art. 70–75 GG.

Gesetzesvorlagen werden durch die Bundesregierung den Gesetzgebungskörperschaften Bundestag und Bundesrat zugeleitet; sie können von allen drei Gremien eingebracht werden. Sie treten nach einem verwickelten Verfahren, vgl. Art. 77 GG, in Kraft, wobei zwischen zustimmungs- und nicht zustimmungsbedürftigen Gesetzen unterschieden wird.

Art. 77 sieht einen Vermittlungsausschuß (VA) vor, der von Mitgliedern des Bundestages und des Bundesrates gebildet worden ist und der im Streitfall angerufen wird: Schlägt der VA eine Änderung der Gesetzesvorlage vor, so berät der Bundestag erneut, und die veränderte oder unveränderte Vorlage geht wieder an den Bundesrat. Der Bundesrat kann gegen ein Gesetz, das nicht seiner Zustimmung bedarf, Einspruch erheben. Der Bundestag kann den Einspruch mit einer der Bundesratsmehrheit entsprechenden Stimmenmehrheit zurückweisen. Tut er das nicht, so kommt wie bei zustimmungsbedürftigen Gesetzesvorlagen kein Gesetz zustande.

Aber nicht nur das Gesetzgebungsverfahren ist verzwickt, sondern auch der Gesetzesvollzug, der den wichtigsten Teil der Verwaltung bildet.

Gesetzesvollzug

Im Gegensatz zu einheitlich verfaßten Staaten wie Frankreich oder Italien stellt sich der Verwaltungsaufbau zum Vollzug von Gesetzen in Bundesdeutschland recht unübersichtlich dar, zumal er sich nach Sachgebieten gliedert, die nicht mit der Gesetzgebungszuständigkeit übereinstimmen. Liegt gemäß Art. 73–75 GG die Gesetzgebungszuständigkeit überwiegend beim Bund, so stehen für den Vollzug überwiegend die Länder ein; Art. 83 GG.

In eigener Regie und mit eigenem Unterbau verwaltet der Bund vor allem die Auswärtigen Angelegenheiten und die Streitkräfte, die Bundesfinanzen, Eisenbahn und Post, Bundeswasserstraßen, den Luftverkehr; Art. 87, 87a, 87d, 89 GG.

Den Regelfall stellt auch bei Bundesgesetzen – Landesgesetze führen die Länder ohnehin selber aus – deren Vollzug durch Länder als eigene Angelegenheit dar; Art. 30, 83 GG. In diesem

Fall beschränkt sich die Befugnis des Bundes auf die Rechtsaufsicht.

Anders, wenn die Länder im Auftrag des Bundes Gesetze ausführen. Hier unterstehen die Landesbehörden den Weisungen der zuständigen Bundesbehörden: Der Bund hat die Rechts- *und* Fachaufsicht, Art. 84, 85 GG, etwa bei der Ausbildungsförderung nach dem Bundesausbildungsförderungsgesetz. In diesen Fällen dürfen die Länder die Aufgaben nicht weiter nach unten verlagern, etwa auf die Gemeinden und Kreise. Denn bis zu dieser Ebene reicht das Weisungsrecht des Bundes nicht.

Die verfassungsgemäße Ordnung in den Ländern und Kommunen muß wie die des Bundes jedenfalls insofern verfaßt sein, als das Volk eine Vertretung haben muß, die wie der Bundestag aus allgemeinen, unmittelbaren, freien, gleichen und geheimen Wahlen hervorgegangen sein muß; Art. 28 Abs. 1, S. 2 GG.

Wird bei den Wahlen das Prinzip der Vertreterdemokratie festgeschrieben, dank der das Volk seine Gewalt durch seine Repräsentanten ausübt, so bei der Beteiligung der Länder an Gesetzgebung und Verwaltung das Bundesstaatsprinzip. Hier sollen die Eigenheiten und das Gewicht der Länder vermerkt werden, woher denn auch der Bundesrat von den Landesregierungen beschickt wird, die je nach Größe 3, 4 oder 5 Mitglieder in den Bundesrat entsenden, Art. 51 GG, also entgegen dem republikanischen Gleichheitsprinzip: Die Zahl der Einwohner zählt.

Bund, Länder, Gemeinden

Hervorzuheben ist das Selbstverwaltungsrecht der Gemeinden, das Art. 28 Abs. 2 ausdrücklich »gewährleistet«, das heißt, deren Beachtung Sache der Länder ist (sogenannte institutionelle Garantie). Da zum Gemeindeverfassungsrecht, Sparkassen-, Gemeindeabgaben- und Gemeindehaushaltsrecht und anderem die Länder recht unterschiedliche Regelungen getroffen haben, treffen wir, wie schon bei der Verteilung der Befugnisse zwischen Bund und Ländern noch einmal eine weitgehende Zersplitterung der Länder untereinander an: Einige Länder kennen die Bürgermeisterverfassung. Hier wählt die Gemeindevertretung (der Rat) den Bürgermeister, der an die Spitze der Verwaltung tritt. Er bereitet die Beschlüsse des Rates vor und führt sie aus. Er hat

Stimmrecht im Rat, zum Teil auch nicht. Diese Ordnung herrscht in Hessen, Rheinland-Pfalz, dem Saarland und Schleswig Holstein.

Bei der Magistratsverfassung sind Gesetzgebung und Verwaltung getrennt. Jedes Organ ist für sich je nach Erstzuständigkeit allein (unechte Magistratsverfassung) oder gemeinsam (echte Magistratsverfassung) entscheidungsberechtigt.

Wieder anders sieht es bei der süddeutschen Gemeinderatsverfassung aus. Gemeinderat *und* Bürgermeister werden unmittelbar von den Bürgern gewählt. Der Bürgermeister sitzt dem Rat mit Stimmrecht im Rat vor und vollzieht dessen – natürlich: rechtmäßige – Beschlüsse.

Schließlich kennen wir den von der britischen Besatzung eingeführten Typ, wonach Bürgermeister und Gemeindedirektor vom Rat eingesetzt werden. Der Bürgermeister kann bestimmten Ratsbeschlüssen widersprechen. In der Praxis führte diese rein monistische, das heißt dem Rat die Allzuständigkeit zuschreibende Verfassung, zu einem Wettbewerb zwischen Rat einerseits und der doppelten Verwaltungsspitze andererseits, die auch untereinander konkurriert, so in Nordrhein-Westfalen.

Niedersachsen hat zwischen Rat und Gemeindedirektor einen Verwaltungsausschuß gebildet, der sich der weder in die Zuständigkeit der Gemeindevertretung noch in die des Stadt- bzw. Oberstadtdirektors fallenden Angelegenheiten annimmt.

Verwickelt wie bei der Bundesverwaltung sind auch die Zuständigkeiten bei der Aufteilung zwischen Ländern und Gemeinden.

Neben den freiwilligen Aufgaben, die die Gemeinden auf eigenen Entschluß hin übernehmen, treten die Pflichtaufgaben, die die eigenen Aufgaben zunehmend verdrängen, etwa die Errichtung und Unterhaltung von Haupt- und Realschulen, Abfallbeseitigung, Trinkwasserversorgung oder Sozialhilfe; hierzu § 9 BSHG. Was die letzte Zuweisung betrifft, hatte der Bund im Durchgriff auf die Gemeinden diesen die Bundessozialhilfeverwaltung als Pflichtaufgabe übertragen; erst die Länder durften dies und taten es auch durch ihre Ausführungsgesetze. Der vorschnelle Bund wurde in seine Schranken gewiesen.

Die Aufsicht der Länder beschränkt sich auf die Rechtmäßigkeit der Selbstverwaltungsangelegenheiten; bei Pflichtaufgaben handeln die Gemeinden ohnehin nach Weisung der Länder und können auch im Streitfall nicht die Verwaltungsgerichte anrufen, da sie hier nicht als selbständige Gebietskörperschaft mit eigener Klagebefugnis auftreten.

Als Zwischentyp führten Baden-Württemberg, Hessen, Nordrhein-Westfalen und Schleswig-Holstein die Pflichtaufgaben zur Erfüllung nach Weisung ein, bei denen die Fachaufsicht begrenzt ist, so etwa in Nordrhein-Westfalen in der Freiwilligen Erziehungshilfe nach Art. 20 Abs. 1 Jugendwohlfahrtsgesetz (vgl. Ausführungsgesetz NW des JWG vom 1. 7. 1965).

Zählen freiwillige und Pflichtaufgaben zu den Selbstverwaltungsangelegenheiten, so liegen Auftragsangelegenheiten, die Bayern, Niedersachsen, Rheinland-Pfalz und das Saarland landesgesetzlich regeln, ganz in der Hand des Landes, das hier ein unbeschränktes Weisungsrecht in fachlicher und rechtlicher Hinsicht hat, so etwa bei der Vermögensverwaltung.

Die Gemeinde hat neben der Hauptsatzung nur den Haushaltsplan als Pflichtsatzung zu erlassen. Bebauungspläne etwa, die nach dem Bundesbaugesetz »als Satzung« beschlossen werden, sind nur bedingte Pflichtsatzungen - eben bedingt durch den gemeindlichen Bedarf an einem Bebauungsplan, der den Flächennutzungsplan konkretisiert.

Finanzen

Anlaß zu häufigen Streitigkeiten zwischen den einzelnen Gebietskörperschaften bildet das Finanzwesen. Hier gilt der Grundsatz: Jeder hat die Erfüllung der ihm obliegenden Aufgaben zu finanzieren. Bei Gemeinschaftsaufgaben wie Hochschulen, Verbesserung des Wirtschaftsgefüges in einem Gebiet oder des landwirtschaftlichen Gefüges und dem Küstenschutz trägt der Bund (mindestens) die Hälfte der Kosten; Art. 104a Abs. 1, 91a GG.

Von den wichtigen Steuern (Gemeinschaftssteuern) stehen Bund und Ländern bei der Einkommen- und Körperschaftssteuer je die Hälfte zu, bei der Umsatz- oder Mehrwertsteuer ein je auszuhandelnder Schlüssel. Ausschließliche Bundessteuern sind etwa Zölle, Kapital-, Verkehrs- und Straßengüterverkehrssteuern, Ergänzungsabgaben und Abgaben zur Europäischen Gemeinschaft. Ausschließlich den Ländern fließen etwa Erbschafts- und Kfz-Steuern zu. Realsteuern, etwa Grund- und Gewerbesteuern erheben die Gemeinden für sich; vgl. Art. 106 GG vom 28. 8. 1969. Durch das Gesetz über den Finanzausgleich zwischen Bund und Ländern soll gemäß Art. 107 Abs. 2 GG »die unterschiedliche Finanzkraft der Länder angemessen ausgeglichen werden«, was heute wegen des Nord-Süd-Gefälles in der Leistungskraft der Bundesländer die wirtschaftlich schwächeren Nordländer gegenüber den wirtschaftlich stärkeren Südländern, die noch Zuschüsse von den Nordländern erhalten, deutlich benachteiligt.

Für die Bundessteuern richtet der Bund eigene Ämter ein. Im übrigen ist die Finanzverwaltung Ländersache. Die Länder handeln zumeist im Auftrage des Bundes, da die wesentlichen Steuern Gemeinschaftssteuern sind und da in diesem Falle der Bund – hier vertreten durch den Bundesfinanzminister – die Rechts- und Fachaufsicht hat; Art. 108 Abs. 3, 85 Abs. 3 und 4 GG.

Zur Sicherung des Innen- und Außenwertes der Währung hat der Bund 1957 die Bundesbank errichtet. Sie regelt den Geldumlauf, die Kreditversorgung der Wirtschaft sowie den Zahlungsverkehr im Inland und mit dem Ausland. Das kollektive Leistungsorgan, der Zentralbankrat, setzt sich aus dem Direktorium der Bundesbank zusammen, dessen 11 Mitglieder der Bundespräsident auf Vorschlag der Bundesregierung beruft, und den 11 Präsidenten der Landeszentralbanken, die gleichfalls vom Bundespräsidenten, hier aber auf Vorschlag des Bundesrates, berufen werden.

Eine herausgehobene Stellung haben der Bundesfinanzminister sowie der Haushaltsausschuß bei der Aufstellung und Durchführung des Bundeshaushalts, der »in Einnahme und Ausgabe auszugleichen« ist; Art. 110 Abs. 1 S. 2 GG. An den einzelnen Posten im Haushalt läßt sich der soziale Wandel absehen. So stiegen etwa von 1951 bis 1981 die öffentlichen Aufwendungen für die soziale Sicherung von DM 197,– auf DM 5965,– je Einwohner, die für öffentliche Sicherheit von DM 32,– auf DM 391,–, die für das Bildungswesen von DM 51,– auf DM 1241,–; insgesamt stiegen von 1951 bis 1981 die öffentlichen Ausgaben von DM 742,– auf DM 12837,– je Einwohner. 1986 liegen die Sozialausgaben je Einwohner bei knapp DM 10000,–. Sie sind am stärksten gestiegen.

Wie immer, wenn wir die sozialen und wirtschaftlichen Beziehungen außer acht lassen, werden wir allerdings auch im Verfassungsrecht die Rechtswirklichkeit nicht richtig einschätzen, halten wir uns nur an das Gesetzesrecht.

Sicherheit der Zuständigkeitsverteilung

Was die auswärtigen Beziehungen betrifft, die ja ausschließlich dem Bund obliegen, treiben die Länder auf dem Gebiet der Außenwirtschaft eine eigenständige Außenpolitik, so etwa Baden-Württemberg in Fernost oder jüngst Nordrhein-Westfalen in der UdSSR, obgleich dies eigentlich Sache der bundesdeutschen Auslandsvertretungen wäre. Und Organe der mittelbaren Staatsverwaltung, wie etwa der »Deutsche Entwicklungsdienst« oder Forschungsgemeinschaften, pflegen vielfach einen der jeweils amtlichen Politik der unmittelbaren Staatsverwaltung entgegengesetzten Kurs zu steuern.

Ähnliches gilt auf der kommunalen Ebene. An sich muß man die 1808 vom Freiherrn vom Stein geschaffene Allzuständigkeit oder Universalität der Gemeinden rühmen und begrüßen. Doch neben staatliche Zwänge treten wirtschaftliche, etwa was den Wettlauf um Ansiedlung von gewerbesteuerträchtigen und arbeitsplatzschaffenden Betrieben in der Gemeinde angeht. Hier unterbieten sich Gemeinden oft untereinander zu Dumpingpreisen und überbieten sich in der Einräumung von Vorrechten (Privilegien) für neu anzusiedelnde Betriebe, was dem Markt kartellrechtlich untersagt ist.

Insgesamt jedoch werden wir die bundesrechtliche Verfassung samt der Autonomie der Kommunen als eine glückliche Fügung betrachten dürfen, für die auch wirtschaftlich die regionale Funktionsverteilung spricht: Faßt zum Beispiel Frankreich fast alle wesentlichen wirtschaftlichen und kulturellen Funktionen in Paris zusammen, so haben wir in der Bundesrepublik wie auch in den Niederlanden eine regionale Verteilung: Handel = Bremen/Hamburg; Rotterdam; Geldmarkt = Frankfurt; Amsterdam; Funk und Fernsehen = Mainz/München/Köln; Hilversum; Forschung und Bildung = Göttingen; Utrecht; Militärverwaltung = Koblenz/Münster; Maastricht, und so fort.

Fragen wir uns, ob die hier skizzierte Ordnung aufgehoben werden kann, so stoßen wir auf Art. 79 Abs. 3 GG:

»Eine Änderung des Grundgesetzes, durch welche die Gliederung des Bundes in Länder, die grundsätzliche Mitwirkung der Länder bei der Gesetzgebung oder die in den Artikeln 1 und 20 niedergelegten Grundsätze berührt werden, ist unzulässig.«

Andere Vorschriften des GG können mit 2/3-Mehrheit sowohl

des Bundestages wie des Bundesrates abgeändert werden. Demnach wäre ein Einheitsstaat ebenso verfassungswidrig wie die Aufhebung der Menschenwürde, der Bindung an die Grundrechte oder der Ausübung der Volkssouveränität durch Wahlen im gewaltengeteilten Gefüge.

Hiervon zu trennen ist die »Freiheitlich Demokratische Grundordnung« (FDGO), die das Grundgesetz an mehreren wichtigen Stellen anführt (Art. 10 Abs. 2, 11 Abs. 2, 18 S. 1, 21 Abs. 2 Satz 1, 73 Nr. 10b, 87a Abs. 4 Satz 1, 91 Abs. 1 - meist im Zusammenhang mit dem »Bestand des Bundes oder eines Landes«), vergleiche auch: §§ 86 Abs. 2 und 73 Abs. 2 StGB, der Staatsgeheimnisse definiert. Zur FDGO zählen: Volkssouveränität, Gewaltenteilung, Verantwortlichkeit der Regierung, Gesetzmäßigkeit der Verwaltung, Unabhängigkeit der Gerichte, Mehrparteien-Gefüge, Chancengleichheit der Parteien, Oppositionsrecht, Achtung der Menschenrechte.

Wer also für einen Einheitsstaat oder eine Monarchie eintritt, verstößt zwar damit nicht gegen die FDGO, bleibt aber wegen des verfassungsfesten Minimums des Art. 79 Abs. 3 chancenlos.

Gewaltenteilung

Im Gegensatz zum Rätestaat, der gesetzgebende und vollziehende Gewalt in einer Hand zusammenfaßt, schreibt unser GG die Gewaltenteilung vor. Gesetzgebung, Verwaltung und richterliche Gewalt sind getrennt. Sie steuern sich wechselseitig - ohne jeden Zweifel auch dies ein freiheitssicherndes Moment unseres Staates.

Erinnern wir uns an die eingangs angeführten Weisen der Beilegung von Streit, so haben wir es bei der Gewaltenteilung mit einer intelligenten Lösung zu tun, nämlich mit drei autoritären Schlichtern (gesellschaftliches Einverständnis setzt unser pessimistisches GG ohnehin nicht voraus): dem Kanzler oder Ministerpräsidenten oder Bürgermeister; den Verwaltungsspitzen, den Richtern.

Wir haben bereits die Verfassungsorgane Bundestag, Bundesregierung und Bundesrat gestreift; ihre Zusammensetzung ergibt sich aus den angeführten Artikeln. Bundestag und Bundesrat entsenden je die Hälfte der Mitglieder der Bundesversammlung, die den Bundespräsidenten wählt; Art. 54 Abs. 3 GG. Sie ernennen je die Hälfte der Richter des Bundesverfassungsgerichts; Art. 94ff. Der Bundestag wählt die Hälfte der Mitglieder des Richterwahlausschusses, der gemeinsam mit den Ressortministern die Richter der Bundesgerichte ernennt; Art. 95 Abs. 2 GG.

Gewalteneinheit

Die politische Organisation nach dem Rätesystem treffen wir oft in unseren Bürgerinitiativen (BI) an. Hier gruppieren sich Leute, die gleichermaßen betroffen sind, zumeist gegen die zuständige Obrigkeit. Die Gesetze, selbst wenn sie inhaltlich richtig sind, können nicht vollständig sein, weil sie stets Aspekte übersehen, welche für die Betroffenen ins Gewicht fallen. Ob nun das Rätesystem für einen ganzen Staat taugt, mag man auch angesichts der sozialistischen Staaten bezweifeln. Nicht bezweifeln aber läßt sich, daß die Markt-, Energie- und Verkehrsplaner vielfach über die Köpfe der Käufer/Ansässigen hinweg bestimmen, die dann wieder im Kalkül der Zuständigen als statistische Größen, als Merkmalsträger, erscheinen. Diese lassen sich leicht speichern und verwalten.

Nur was markt- und verkehrsmäßig erfaßt wird, ist für die Betroffenen zumeist nicht wichtig. Und das den Planern wichtig Dünkende den Betroffenen nicht erheblich.

Pläne sind konkret - generell. Nur ist das Konkrete an den Plänen in aller Regel eine statistische Merkmalshäufung. Der Mensch ist demnach nicht in seiner Unverwechselbarkeit gefragt, sondern als Rollenträger, das heißt als Bündel von Verhaltenserwartungen.

Als die Rolle, eine resignative Größe, die revolutionäre Größe des bürgerlichen Subjekts abgelöst hatte, begann der Zerfall der Person in Merkmale, Kriterien. Und die Pläne, die die scharfen Umrisse des Gesetzes nicht kennen (der Haushaltsplan, das Budget, zum Beispiel ist konkret-generell, also nur der Form nach ein Gesetz), bereiteten solch unsinnigen Verknüpfungen wie den abstrakt-individuellen »Gesetzen« oder Rechtsakten im Gesetzesrang den Weg, die wir noch im Umweltrecht antreffen werden.

Das oberste Gericht

Näherer Betrachtung bedarf das Bundesverfassungsgericht, das in 2 Senaten zu je 8 Richtern über Grundrechts- und Staatsrechtssachen entscheidet; vgl. Art. 93 GG.

Von Bedeutung ist hier das konkrete Normenkontrollverfahren des Art. 100 GG: Danach entscheidet das BVerfG auf Antrag eines Gerichts, das eine für den zu beurteilenden Fall einschlägige Norm für verfassungswidrig hält, über die Verfassungsgemäßheit dieser Norm.

Im abstrakten Normenkontrollverfahren befindet das BVerfG auf Antrag der Bundesregierung, einer Landesregierung oder eines Drittels der Mitglieder des Bundestags über die Vereinbarkeit von Bundes- oder Landesrecht mit der Verfassung; Art. 93 Abs. 1 Ziff. 2 GG. Verfassungsbeschwerde kann jeder mit der Behauptung erheben, durch die öffentliche Gewalt in seinen Grundrechten, seinem Recht auf Widerstand, seinen staatsbürgerlichen Rechten wie dem des gleichen Zugangs zu öffentlichen Ämtern oder seinen sogenannten justiziellen Rechten wie dem auf rechtliches Gehör verletzt worden zu sein. Die kommunale Verfassungsbeschwerde steht mit ähnlicher Begründung den Gemeinden und Gemeindevorständen zu.

Das BVerfG entscheidet weiter bei sogenannten Organstreitigkeiten, wobei alle Bundes- und Landesorgane antragsberechtigt sind. Schließlich befindet das oberste Gericht gemäß Art. 48 des Bundesverfassungsgerichtsgesetzes über Beschwerden im Wahlprüfungsverfahren des Bundestages - unter anderem sind betroffene Bundestagsabgeordnete beschwerdeberechtigt - und über die Verfassungswidrigkeit von Parteien gemäß dem Parteiengesetz vom 24. 7. 1967.

Man sollte meinen, in diesem aufgefächerten Zusammenspiel der Verfassungskräfte seien Gesetzesverletzungen ausgeschlossen. Dem ist aber nicht so.

Eindeutig verfassungswidrig war - auch für viele Juristen - das Urteil des 2. Senats des BVerfG vom 14. 1. 1986, das es als rechtens befand, daß die Altparteien (CDU/CSU, SPD, F.D.P.) per Haushaltsgesetz die Grünen von der Mitwirkung bei der Aufstellung der Haushaltspläne für die Geheimdienste ausschlossen. So sagt auch der Richter Mahrenholz in seinem Sondervotum: »Eine Entscheidung des Bundestages, die im Recht auf Teilhabe am parlamentarischen Prozeß zwischen Abgeordneten differenziert, verletzt die betroffenen Abgeordneten in ihren Rechten aus Art. 38 Abs. 1 GG« und beschränke die Repräsentation aller Bürger im Parlament.

Ebenso verletzt wurde das Gebot der Gleichstellung der ehelichen mit den nicht-ehelichen Kindern durch das BVerfG (BVerfG-Entscheidungen, Bd. 44, S. 1, 22). Zwar verstoße es gegen Art. 6, einzelne Gruppen von Unehelichen schlechter zu stellen als die Ehelichen, doch müsse der Gesetzgeber den langsamen Wandel der allgemeinen Ansicht in dieser Frage berücksichtigen (der inzwischen auf jeden Fall eingetreten ist, ohne daß das m.E. verfassungswidrige Unehelichenrecht berichtigt wurde).

Ähnliches können wir hier bei der Frage des Schwangerschaftsabbruchs und dem sogenannten Extremistenerlaß feststellen, der seit dem Ministerpräsidentenbeschluß von 1972 eine Regelanfrage beim Bundesverfassungsschutzamt bei der Einstellung von öffentlich-rechtlichen Bediensteten vorsah und damit die Loyalitätsvermutung, die einem freiheitlichen Rechtsstaat anstünde, durchbrach.

Anders gesagt: Unser System versagt dort, wo es gegen verfassungswidrige Entscheidungen des BVerfG selber keine institutionellen Sicherungen einbaut. Hier kann zwar das Demonstrationsrecht gewisse Abhilfen schaffen, ist aber indessen auch mit Zustimmung des BVerfG dahingehend verschärft worden: Wer bei Versammlungen, bei denen mit Ausschreitungen von Minderheiten zu rechnen ist, »Schutzwaffen« (auch wieder ein völlig umrißloser Begriff) trägt und sie trotz dreimaliger Aufforderung der Polizei nicht ablegt, kann mit Gefängnis bestraft werden.

Wie wachsam wir gegenüber allen Verfassungsorganen sein müssen, geht auch aus dem Organisationserlaß des Bundeskanzlers vom 5. Juni 1986 hervor, den der Chef des Bundeskanzleramts, Wolfgang Schäuble, bekanntgab (vgl. Frankfurter Rundschau vom 19. Juni 1986, Nr. 118, S. 2):

»Das Bundesministerium für Jugend, Familie und Gesundheit wird zum Bundesministerium für Jugend, Familie, Frauen und Gesundheit umgebildet. Es enthält die Federführung für Frauenfragen einschließlich Gesetzgebungskompetenz.«

Danach löst also die zuständige Ministerin den Bundestag, dem ja ohne diesen Kanzlererlaß die Gesetzgebungskompetenz zustünde, auf ihrem Gebiet ab ...

Verwaltung

Sowenig sich eindeutig das öffentliche vom Privatrecht trennen läßt, sowenig das Verwaltungs- vom Staatsrecht. Ältere Stimmen verlauteten: Verwaltung ist die Staatsbetätigung, die weder der Gesetzgebung noch der Rechtsprechung zugeschlagen werden kann. Wie steht es aber dann mit der Regierung, die ja sozialgestalterisch wirkt? Vergleiche Art. 65 GG: »Der Bundeskanzler bestimmt die Richtlinien der Politik und trägt dafür« (wofür, für die Richtlinien oder die Politik?) »die Verantwortung«.

Außerdem kennen wir Staatstätigkeiten wie die Überwachung und Überprüfung (Kontrolle), etwa die parlamentarische Kontrolle, die Rechnungsprüfung und den Datenschutz- wie Wehrbeauftragten. Die Kontrolle läßt sich nicht ins Gewaltenteilungsschema einfügen. In den sozialistischen Ländern gilt sie als eigene Staatsfunktion. Daher bemüht man sich, abseits der äußerlich-formellen eine inhaltlich-materielle Bestimmung der Verwaltung zu finden.

Ein hübsches Lehrstück an Juristendeutsch, welches die Verschreck- und Herrschaftssprache fürstlicher Kanzleien und später des Reichsgerichts nachahmt, bildet die Bestimmung von Wolff/Bachof, die Hartmut Maurer (Allgemeines Verwaltungsrecht, München 1980, S. 4) aufführt:

> »Öffentliche Verwaltung im materiellen Sinne ist also die mannigfaltige, konditional oder nur zweckbestimmte, also insofern fremdbestimmte, nur teilplanende, selbstbeteiligt entscheidend ausführende und gestaltende Wahrnehmung der Angelegenheiten von Gemeinwesen und ihrer Mitglieder als solcher durch die dafür bestellten Sachwalter des Gemeinwesens.«

Pate stand hier sicherlich die vorbildhafte Definition der Eisenbahn durchs Reichsgericht im I. Band S. 252 der Entscheidungen des Reichsgerichts in Zivilsachen. Hier ging es darum, ob ein beim Betrieb einer Schmalspurbahn verletzter Arbeiter nach dem Reichshaftpflichtgesetz den Betreiber dieser Eisenbahn, den kein Verschulden traf, in Anspruch nehmen kann. Das RG bejahte diese Frage, wobei es folgenden Begriff der Eisenbahn schuf:

> »Ein Unternehmen gerichtet auf wiederholte Fortbewegung von Personen oder Sachen über nicht ganz unbedeutende Raumstrecken auf metallener Grundlage, welche durch ihre

Konsistenz, Konstruktion und Glätte den Transport großer Gewichtsmassen, beziehungsweise die Erzielung einer verhältnismäßig bedeutenden Schnelligkeit der Transportbewegung zu ermöglichen bestimmt ist, und durch diese Eigenart in Verbindung mit den außerdem zur Erzeugung der Transportbewegung benutzten Naturkräften (Dampf, Elektrizität, thierischer oder menschlicher Muskelthätigkeit, bei geneigter Ebene der Bahn auch schon der eigenen Schwere der Transportgefäße und deren Ladung, u.s.w.) bei dem Betriebe des Unternehmens auf derselben eine verhältnismäßig gewaltige (je nach den Umständen nur in bezweckter Weise nützliche, oder auch Menschenleben vernichtende und die menschliche Gesundheit verletzende) Wirkung zu erzeugen fähig ist.«

Wir können die Verwaltung schwerpunktartig oder topisch, nicht definitorisch-fachsprachlich, kennzeichnen als

a) sozialgestalterisch,
b) am Gemeinwohl oder öffentlichen Interesse ausgerichtet,
c) zukunftgerichtet,
d) den Einzelfall betreffend.

Verwaltung hat es mit Bauen und Bauten, Schulen, Gewerbe und Betrieb, Wirtschaft, Sozialem, Finanzen, Bundeswehr, Verkehrswegen, Ernährung und Lebensmitteln, Sicherheit und Ordnung, Ausländern, Kultur, Freizeit, Bildung und Ausbildung, Prüfung und Kontrolle, Personal, Statistik und nicht zuletzt Selbstverwaltung zu tun. Sie leistet und lenkt, nimmt und gibt. Geschichtlich leitet sie sich vom Hoheitsrecht des Landesherrn ab, in erworbene Rechte des Grundherrn einzugreifen.

Im Wohlfahrtsstaat kameralistisch-merkantilistischer Prägung galt als Polizeirecht, was heute etwa durch das Ordnungsrecht abgedeckt wird. Die Herkunft des Verwaltungsrechts aus dem Polizeirecht ist auch heute noch von Bedeutung. So schrieb beispielsweise § 14 des Preußischen Polizeiverwaltungsgesetzes in der Fassung vom 1. 6. 1931 vor:

»Die Polizeibehörden haben im Rahmen der geltenden Gesetze die nach pflichtgemäßem Ermessen notwendigen Maßnahmen zu treffen, um von der Allgemeinheit oder dem einzelnen Gefahren abzuwenden, durch die die öffentliche Sicherheit und Ordnung bedroht wird. Daneben haben die Polizeibehörden diejenigen Aufgaben zu erfüllen, die ihnen durch das Gesetz besonders übertragen sind.«

Ähnlich bestimmt § 40 des Verwaltungsverfahrensgesetzes vom 25. 5. 1976, daß die Behörde ihr Ermessen entsprechend dem Zweck der jeweiligen Ermächtigung auszuüben und die gesetzlichen Grenzen des Ermessens einzuhalten hat. Eine »Ermessensfreiheit« gibt es nicht. Der Träger öffentlicher Hoheit, der sich nicht an die gesetzlichen und Ermessensgrenzen hält, handelt fehlerhaft.

Damit ist der Aufgabenkreis der Eingriffsverwaltung, neben welche heute die Leistungsverwaltung getreten ist, umschrieben: Das »pflichtgemäße Ermessen« schließt jede Willkür aus, die Bindung an die Gesetze jeden Mißbrauch. Die Gefahrenabwehr zielt den Erhalt der öffentlichen Sicherheit und Ordnung an. Sie richtet sich gegen Störer. Daher bestehen nur die Polizeiaktionen vor dem Gesetz, die, sofern sie nicht selber aus Gesetzen oder Polizeiordnungen folgen, »zur Beseitigung einer Störung der öffentlichen Sicherheit oder Ordnung oder zur Abwehr einer im einzelnen Falle bevorstehenden Gefahr für die öffentliche Sicherheit und Ordnung erforderlich sind«; § 41 Abs. 1 des Preußischen Polizeiverwaltungsgesetzes.

Die Bindung ans Gesetz kennzeichnet den gesamten Bereich der Verwaltung. Eingriffe etwa in Eigentum und Freiheit bedürfen durchweg einer gesetzlichen Grundlage, Leistungsgewährungen nicht so sehr, obgleich die Versagung einer Leistung, etwa einer Subvention oder eines Stipendiums, den einzelnen in seiner Existenz stärker gefährden kann als Eingriffe in Freiheit und Eigentum. Daß gewisse Grundrechte Leistungsansprüche vermitteln, so etwa das Grundrecht auf freie Berufswahl die Chance der Ausbildung, die dann von der Verwaltung angeboten werden muß, wird heute wohl allgemein anerkannt. Hier nun stoßen wir auf eine merkwürdige Umkehr des Gebotes, daß der »Wesensgehalt« eines Grundgesetzes nicht angetastet werden darf. Denn je wesentlicher ein Freiheitsbereich etwa im Strafvollzug oder in schulischen Angelegenheiten, desto größer die Regelungsdichte, das heißt die Zahl der Gesetze oder Rechtsverordnungen, die Eingriffe oder Leistungen gestatten. Der allgemeine Rechtsakt, der sonst bis zur Grenze des Wesensgehalts Rechte beschränkt, tritt hier gerade als Sachwalter dieses Wesensgehalts auf: Die Verwaltung ist auch im positiven Sinne stärker als die Gesetzgebung. Das »besondere Gewaltverhältnis« oder »Sonderrechtsverhältnis« soll also durch Rechtsregeln durchschaubar gemacht werden. Dies zur Eingriffsverwaltung. Entsprechendes gilt für die Leistungsverwaltung: Wird eine wesentliche begehrte Leistung verwehrt, müssen dafür die Ablehnungsmerkmale vorher festgelegt sein, etwa beim beschränkten Zugang im Hochschulbereich (numerus clausus: BVerfG-Entscheidungen Band 33, Seiten 303, 317; Band 43, Seiten 291, 313).

Diese Andeutungen müssen hier genügen, die Bindung der Verwaltung an die Gesetze zu verdeutlichen, das Willkürverbot. Jetzt zum Verbot des Ermessensmißbrauchs.

Pflichtgemäßes Ermessen

Die Verwaltung besitzt einen Ermessensspielraum, sofern Gesetze auslegbar sind. Nur wenige Gesetze sind es nicht. Und hier löst Genauigkeit (Präzision) Ausdeutung (Interpretation) ab, etwa im Registerrecht. In aller Regel aber kann die Verwaltung beim Vollzug eines Gesetzes zwischen verschiedenen Verhaltensweisen wählen; sogar mitunter schon wählen, ob sie überhaupt tätig werden will (Entschließungsermessen), etwa bei einer Rauferei.

Abseits der Genauigkeit von Rechtsausdrücken bringt das Gesetz mitunter ausdrücklich das Ermessen ins Spiel, etwa durch die Ausdrücke »muß«, »hat (ist) zu . . .« einerseits oder »kann«, »soll« andererseits. Zum Beispiel bedarf nach § 55 der Gewerbeordnung vom 26. 7. 1900 derjenige einer Reisegewerbekarte, der in eigener Person auswärts ohne Bestellung Waren feilbietet, Leistungen anbietet oder Schaustellungen darbietet, von gelegentlichen Tätigkeiten abgesehen; sonstige Ausnahmen § 55a GewO. Die erforderliche Reisegewerbekarte »ist dem Antragsteller zu versagen, wenn« er etwa nach begründeter Vermutung unzuverlässig, entmündigt oder unter Polizeiaufsicht gestellt ist und so fort. »Die Reisegewerbekarte kann« versagt werden, wenn der Antragsteller etwa abschreckt, blind, taub oder stumm, unter 25 Jahre alt oder obdachlos ist; §§ 57, 57a GewO.

Das Ermessen kann generell ausgeübt werden. Wieso etwa bei einigen Gewaltausschreitungen Polizeibeamte ungerührt zusehen, bei anderen friedlichen Zusammenkünften ungeahnt einschreiten, liegt sicherlich an den jeweils erteilten Anweisungen der vorgesetzten Polizeibehörde, etwa bei Ansammlung von mehr als 200 einzuschreiten oder gegen einzelne Randalierer, derer sich die jeweiligen Betroffenen selber erwehren können, nicht einzuschreiten - was Betrachter verwirren, gleichwohl aber im pflichtgemäßen Ermessen liegen mag.

Das Ermessen kann auch individuell ausgeübt werden. Zum Beispiel zerstachen bei der Brokdorf-Demonstration im Juni 1986 Polizeibeamte Reifen von geparkten Autos, zerschlugen Windschutzscheiben. Hier lag eine individuelle Überschreitung des Ermessensspielraums vor, eine generelle lag vor, als auf Anordnung der vorgesetzten Polizeibehörde in Wackersdorf Hubschrauber das Reizgas CS auf alles versprühten, was an Menschen da kreuchte und fleuchte.

Eine Ermessensunterschätzung liegt vor, wenn etwa in vielen uns bekannten Fällen die verprügelte Frau die Polizei um Hilfe anruft, und der Mann behauptet, die Blutergüsse und Flecken habe sich das Opfer anderswo eingehandelt, obgleich es halbtot daliegt. Die Polizei hat hier einzuschreiten. Jede andere Entscheidung ist hier fehlerhaft (Ermessensschrumpfung).

Einen großen Ermessensspielraum gewährt das Ausländer- und Asylrecht den Behörden. Das Ausländergesetz in der Fassung vom 16. 7. 1982 schreibt für Nichtdeutsche im § 2 Abs. 1 vor:

»Ausländer, die in den Geltungsbereich dieses Gesetzes einreisen und sich darin« (wo, im Einreisen?, ach Gesetzgeber, wie formulierst du nur!) »aufhalten wollen, bedürfen einer Aufenthaltserlaubnis. Die Aufenthaltserlaubnis darf erteilt werden, wenn die Anwesenheit des Ausländers Belange der Bundesrepublik Deutschland nicht beeinträchtigt.«

Was nun Belange der Bundesrepublik Deutschland sind, das bestimmen für Nicht-EG-Bürger die zur Ausführung des Ausländergesetzes berufenen Landesbehörden. Sie füllen aus einwanderungs-, arbeitsmarktpolitischen sowie aus sonstigen volkswirtschaftlichen Überlegungen den unbestimmten Rechtsbegriff »Belange der Bundesrepublik Deutschland« aus; vgl. Bundesverwaltungsgerichtsentscheidungen Band 42, S. 148–154. Hat sich etwa arbeitsmarktpolitisch die Bundesrepublik Deutschland den EG-Staaten geöffnet, so muß sie gegen Nicht-EG-Bürger, schon um ihre völkerrechtlichen Bindungen einzuhalten, um so rigider vorgehen. Ein etwa erst mit nachträglicher Erwerbsabsicht und nachgewiesenem Arbeitsplatz eingereister Türke darf daher nach § 10 Ausländergesetz und entgegen dem deutsch-türkischen Niederlassungsabkommen vom 12. 1. 1927 ausgewiesen werden.

Einen ähnlich großen Spielraum, der indes auch zuungunsten des Ausländers - das Asylrecht ist Menschenrecht! - gesetzlich ausgefüllt wurde, eröffnet das 6. Gesetz zur Änderung des Arbeitsförderungsgesetzes vom 3. 8. 1981 im Verein mit der Arbeitserlaubnisverordnung vom 2. 3. 1971, deren § 1 Abs. 1 besagt:

»Die Erlaubnis nach § 19 Abs. 1 des Arbeitsförderungsgesetzes (Arbeitserlaubnis) kann nach Lage und Entwicklung des Arbeitsmarktes erteilt werden

1. für eine bestimmte Tätigkeit in einem bestimmten Beruf oder
2. ...«

Das Recht setzt auch hier wirtschaftliche Vorgänge fort, die selber in sich schlecht oder falsch gedeutet sein mögen gemäß dem Ausspruch des nationalökonomischen Großmeisters F. A. Hayek: »Die moderne Rechtsentwicklung wurde weitestgehend durch eine falsche Wirtschaft angeleitet« (The modern development of law has been guided largely by false economics; F. A. Hayek: Laws, Legislation and Liberty, vols 1-3, reprinted 1982, vol. 1, p. 67).

Aber Juristen, die auch an volkswirtschaftlichen Vorgängen Rechtsfragen zu überprüfen haben, sind selbstredend überfordert.

Verwaltungsakt

Nach wie vor bleibt das Gestaltungsmittel der Verwaltung der von der im Ursprung kameralistischen Staatswissenschaft entwickelte Verwaltungsakt. Dessen Bestimmung lautet gemäß dem Verwaltungsverfahrensgesetz vom 25. 5. 1976, § 35:

»Verwaltungsakt ist jede Verfügung, Entscheidung oder andere hoheitliche Maßnahme, die eine Behörde zur Regelung eines Einzelfalles auf dem Gebiet des öffentlichen Rechts trifft und die auf unmittelbare Rechtswirkung nach außen gerichtet ist.«

Allgemeinverfügungen fassen mehrere Verwaltungsakte zusammen oder legen die Benutzung einer Sache fest.

Das heißt also:

1. Eine Behörde handelt, nicht der Gesetzgeber.
2. Der Akt muß hoheitlich sein, nicht privatrechtlich.
3. Er muß einen Einzelfall gestalten (der in der Verwaltungs-

rechtswissenschaft gebrauchte Ausdruck »Regelung« ist zu verwerfen, weil »Regeln« - etwa die goldene Regel »was du nicht willst, das man dir tu, das füge keinem anderen zu«, abstrakt - generell sind), und zwar verbindlich; bloße Meinungsäußerungen oder Absichtserklärungen reichen nicht aus.

4. Der Verwaltungsakt wirkt unmittelbar nach außen. Er greift über den inneren Verwaltungsbereich hinaus. Sonderrechts- oder besondere Gewaltverhältnisse gehören mehr dem dienstrechtlich oder disziplinarisch geordneten Bereich an; so etwa Weisungen der Wächter (heute Justizvollzugsbeamte) an die Gefangenen.

Der Verwaltungsakt - polizeirechtlich: die Maßnahme - ist nur einer, wenn auch der Hauptteil des Verwaltungsverfahrens. Träger der unmittelbaren Staatsverwaltung sowie der mittelbaren (etwa Landschafts- und Planungsverbände, Deichgenossenschaften) können auch öffentlich-rechtliche Verträge schließen, die dann überwiegend bürgerlich- oder arbeitsrechtlich zu bewerten sind, sofern die §§ 54–61 des Verwaltungsverfahrensgesetzes dem nicht entgegenstehen. Auf jeden Fall sind für verwaltungsrechtliche Erfüllungs- wie Schadensersatzansprüche die Verwaltungsgerichte zuständig; § 40 der Verwaltungsgerichtsordnung v. 21. 1. 1960, 97 Nr. 1 des Verwaltungsverfahrensgesetzes.

Ob ein öffentlich-rechtlicher Vertrag vorliegt, bestimmt sich im Gegensatz zum Tarifvertrag nicht auch nach der Stellung der Parteien, sondern allein danach, ob er dem Vollzug öffentlich-rechtlicher Gesetze dient oder die Pflicht zu einer hoheitlichen Handlung enthält.

Vollstreckung

Bei der Vollstreckung liegt die Besonderheit der Verwaltungsvollstreckung im Unterschied zur Vollstreckung nach der Zivilprozeßordnung und den anderen bürgerrechtlichen Vollstreckungsgesetzen darin: Der Bürger muß, um seine vollstreckbaren Titel durchzusetzen, andere bemühen. Die Behörde kann das selber; vgl. Verwaltungsvollstreckungsgesetz für den Bereich der Bundesverwaltung vom 27. 4. 1953. Unanfechtbar gewordene befehlende Verwaltungsakte, die auf Geldforderungen lauten, werden durch eine Vollstreckungsanordnung eingeleitet, die ergeht

1. bei Leistungsbescheid, etwa Steuernachzahlung;
2. Fälligkeit der Leistung;
3. gewissen Abläufen von Vollstreckungsfristen.

Im Gegensatz zu den Rechtsbehelfen gegen die Vollstreckung nach der ZPO, etwa gemäß § 765a (Härteschutz), § 766 (Art und Weise der Vollstreckung), vor allem aber § 767 (Vollstrekkungsabwehrklage nach Einwendungen, die dem Vollstreckungsschuldner nach Urteilsverkündung bekannt wurden) und anderen Rechtsbehelfen gegen die bürgerlich-rechtliche Vollstreckung verfahren das Verwaltungsverfahrensgesetz und die Verwaltungsgerichtsordnung jedenfalls bei der Vollstreckung - nicht bei der Anfechtung von Inpflichtnahmen - gröber als die Zivilprozeßordnung oder das nur für Grundstücke geltende Zwangsversteigerungs- und Zwangsverwaltungsgesetz vom 24. 3. 1897, zumal die öffentlich-rechtlichen Vollstreckungsanordnungen und -aufträge nicht als (sonst anfechtbare) Verwaltungsakte gelten.

Wieder sehen wir: Bei all ihrem guten Willen, sich selber zu begrenzen, greift die hoheitliche Gewalt wohl dank unseres Mitteilungsmusters (Grund und Zweck) und der Religion, der die hoheitliche Gewalt sich verdankt (gut/schlecht, Engel/Teufel; ja/nein) im Verein mit Wirtschaft und Kirche auf, menschlich gesprochen, gesellschaftliche Mißbildungen zurück, die wir schönfärberisch-rückblickend »rational« nennen.

Schon der kluge Alexis de Tocqueville bemerkte einmal, daß politische in juristische Fragen übergehen, und der Deutsche Karl Mannheim sagt Generationen später: Politische werden in Rechtsfragen überführt. Wieso wohl? Weil in der Massengesellschaft sich die Klassen oder Schichten begrifflich, das heißt kompromißunfähig, gegenüberstehen. Es bedarf also eines gewaltbewehrten Richters, unseren Zwist beizulegen.

Dasselbe gilt für die Gültigkeit der Verwaltungsakte: Nie können sie in jedwedem anerkannten Sinne *gültig* sein. Sie gewinnen wie die Urteile der ordentlichen sowie der Arbeits-, Sozial- und Finanzgerichte durch verwaltungs- und verfassungsgerichtliche Unanfechtbarkeit, also im Wege der Taktik der Ermüdung, ihre Gültigkeit, ihre Vollstreckbarkeit.

Anfechtbarkeit des Verwaltungshandelns

Als letzten der ermüdenden Rechtswege nehmen wir uns die Anfechtbarkeit eines Verwaltungsaktes vor. Ermüdende Rechtswege auch deswegen, weil wir nach einem Gesetz- und Richterstaat jedenfalls vor der Vollstreckung ein Rechtsmittelstaat geworden sind.

Begrifflich klare Verhältnisse - aber leider nur die - schafft der Unterschied zwischen dem abstrakt-generellen Gesetz und dem konkret-individuellen Verwaltungsakt. Auch was die Unwirksamkeit betrifft: Ein verfassungswidriges Gesetz ist von Anfang an nichtig (ex tunc), ein rechtswidriger Akt nur, wenn er angefochten wird, und dann von da an (ex nunc): Jeder Verwaltungsakt kann angefochten werden mit aufschiebender Wirkung: Er kann vorläufig nicht vollzogen werden; § 80 Abs. 1 der Verwaltungsgerichtsordnung. Die Anfechtung hemmt die Rechtswirksamkeit oder Vollziehbarkeit des Verwaltungsakts; vermutet wird die sofortige Vollzugbarkeit etwa bei Abgabebescheiden.

Gegen den Verwaltungsakt steht dem Betroffenen der Widerspruch binnen eines Monats frei: Der Widerspruch richtet sich gegen die erlassende Behörde. Sie befindet über Rechts- und Zweckmäßigkeit des von ihr erlassenen Akts. Begründetenfalls hebt sie den Akt auf, anderenfalls gibt sie ihn an die Widerspruchsbehörde weiter. Diese entscheidet wie Berufungsgerichte über Zulässigkeit und Begründetheit. Dieses verwaltungsinterne Überwachungsverfahren schließt ab mit dem Aufheben oder dem Bestätigen des Akts. Bestätigt die Widerspruchsbehörde den Akt, kann der Betroffene die Anfechtungsklage erheben; §§ 40 und folgende der Verwaltungsgerichtsordnung. Wird die Anfechtungsklage mangels Zulässigkeit oder Begründetheit abgewiesen, kann unter bestimmten Voraussetzungen Berufung beim Oberverwaltungsgericht, danach unter weiteren einschränkenden Voraussetzungen Revision beim Bundesverwaltungsgericht in Berlin erhoben werden, am Schluß die uns bekannte Verfassungsbeschwerde beim Bundesverfassungsgericht.

7. Störungen im Herrschaftsgefüge

Staatshaftung

Die Staatshaftung ist nach allgemeiner Ansicht unübersichtlich geordnet und bedarf der Verbesserung.

Wir beginnen mit der Amtshaftung. Der Grundgedanke lautet: Verletzt ein Amtswalter einen Bürger in seinen Rechten, so kann sich der Verletzte an den Staat halten: § 839 BGB; Art. 34 GG. Art. 34 GG wiederholt im Grunde nur Art. 131 der Weimarer Reichsverfassung, welcher die damals schon von den Ländern anerkannte Staatshaftung auf das ganze Reich ausdehnte. Unverändert blieb auch die Ansicht, die Staats- oder Amtshaftung folge unabweislich aus dem Rechtsstaatsgedanken; aber auch aus dem Sozialstaatsprinzip, da der Staat mit seiner größeren Finanzkraft dem Verletzten die Durchsetzung seines Anspruchs garantiere. Zugleich stelle sich der Staat schützend vor seine Organwalter oder Bediensteten, indem er die Haftung, die sonst sie träfe, auf sich nähme. Im Innenverhältnis kann der Staat auf den Verletzer Rückgriff nehmen (Binnen-Regreß), sofern den Amtswalter Vorsatz oder grobe Fahrlässigkeit trifft, Art. 34 GG. Daß der Rückgriff auf den Beamten bei leichter Fahrlässigkeit entfällt, soll sicherstellen, daß der Beamte in seiner Entscheidungsfreude nicht durch übergroße Haftungsandrohungen behindert wird.

Der Art. 34 GG ist allerdings keine selbständige Anspruchsgrundlage; er regelt nur die Haftungsverschiebung. Wer haftet, sagt etwa § 839 BGB, der die allgemeine Haftung der Amtsträger erweitert. Allgemein haften die Amtsträger ohnehin aus unerlaubter Handlung etwa für Diebstahl, Betrug, Körperverletzung, Erpressung, Sachbeschädigung, Verleumdung (§ 823 BGB), weiter für fahrlässige geschäftsschädigende Verbreitung von Unwahrheiten (§ 824 BGB) oder vorsätzliche sittenwidrige Schadenszufügung (§ 826 BGB). § 839 dehnt die Haftung des »Beamten«, d. h.: des Amtswalters auf die vorsätzliche oder fahrlässige Amtspflichtverletzung aus.

Sowenig indessen mit diesen Haftungstatbeständen die Haftung des Bürgers begrenzt ist, sowenig die des Staates. Denn neben der Verschuldungshaftung kennen wir die Gefährdungshaftung. Sie obliegt dem, der eine Gefahrenlage geschaffen hat, für alle Schäden, die sich aus dieser Lage ergeben, gleichviel, ob ihn für die einzelnen Schäden ein Verschulden trifft oder nicht. So haftet etwa nach § 7 des Straßenverkehrsgesetzes vom 3. 5. 1901 der Kraftfahrzeughalter für die Schäden aus dem Betrieb des Kfz.; der Tierhalter für die durch Tier angerichteten Schäden; § 833 BGB; der Einleiter von schädlichen Stoffen in Gewässer nach §§ 22 und 11 des Wasserhaushaltsgesetzes vom 27. 7. 1957; der Betreiber von Kernspaltungsanlagen, nach § 25 des Gesetzes über die friedliche Nutzung von Kernenergie und dem Schutz gegen ihre Gefahren (Atomgesetz) vom 23. 12. 1959.

Weitere Ersatzansprüche ziehen die Enteignung nach Art. 14 GG und die Aufopferung nach sich, deren Grundgedanke auf die §§ 74 und 75 der Einleitung zum Allgemeinen Landrecht für die Preußischen Staaten vom 5. 2. 1794 zurückgeht. Der Anspruch aus Aufopferung umfaßt Nichtvermögensschäden etwa an körperlicher Unversehrtheit und Freiheit. Die Enteignung stellt einen Eingriff nur in vermögenswerte Rechte dar, welche die Sozialbindung des Eigentums, die ja in Art. 14 GG vorgeschrieben ist, überschreiten. Bei Aufopferung und Enteignung wird dem Betroffenen ein Sonderopfer auferlegt, das der Staat auszugleichen hat.

Unter die Staatshaftung fallen weiter Erstattungsansprüche desjenigen, der - vgl. §§ 812 ff. BGB - eine ungerechtfertigte Vermögensverschiebung erlitten hat, gegen den Staat; etwa wenn der Staat einen rechtswidrigen Verwaltungsakt widerruft und ein Bürger im Vertrauen auf den Bestand des Verwaltungsaktes Vermögensnachteile erlitten hat, sofern sein Vertrauen des Schutzes würdig ist; § 48 Abs. 3 des Verwaltungsverfahrensgesetzes. Dieser Anspruch, für dessen Beurteilung die Verwaltungsgerichte zuständig sind, kann neben den Ansprüchen aus Amtshaftung erhoben werden, für welchen die ordentlichen Gerichte zuständig sind.

Schließlich kann der Bürger gegen den Staat den Folgenbeseitigungsanspruch erheben, etwa wenn ihn eine Verwaltung ehrenrührig gekränkt hat, oder wenn sie ihm falsche Auskünfte erteilt oder ihr obliegende Auskünfte nicht erteilt. Dieser Anspruch geht

Der Angeklagte hat das Wort!

anders als der Anspruch aus Amtshaftung nicht auf Entschädigung in Geld, sondern auf Wiederherstellung der Lage, wie sie vor dem Eingriff bestand - wobei die Grundlage des Folgenbeseitigungsanspruchs unsicher und umstritten ist, nachdem sie im für nichtig erklärten § 3 des Staatshaftungsgesetzes vom 26. 6. 1981 vorübergehend geklärt war.

Das Staatshaftungsgesetz wollte die Zersplitterung der Rechtswege beseitigen sowie die Folgen der Personalisierung der Amtshaftung. Diese ist nach allgemeinem Deliktsrecht an den Schadensersatzanspruch gegen den Amtswalter gebunden. Dieser Anspruch kann aber entgegen dem bürgerlichen Schadensersatz nicht auf Wiederherstellung des Zustandes gehen, der ohne das schädigende Ereignis bestünde (Naturalrestitution; § 249 BGB). Denn der Sachwalter kann als Amtsperson keine solche Handlung erbringen. Andere Schwierigkeiten, nämlich die, infolge der Anbindung des Art. 14 an personale Haftungstatbestände eine entschädigungsfähige Rechtsposition des Betroffenen auszumachen, bietet der enteignungsgleiche Eingriff.

Staatsnotstand und Verteidigungsfall

Sofern eine Gefahr für die verfassungsmäßige Gesetzgebung, für den Bestand des Staates oder für die öffentliche Sicherheit und Ordnung nicht auf verfassungsmäßig vorgeschriebenen Wegen beseitigt werden kann, sind außerordentliche Maßnahmen erforderlich.

Art. 67 regelt den Regierungsnotstand durch das konstruktive Mißtrauensvotum, das verhindern soll, daß ein Kanzler abgewählt, ohne daß ein neuer gewählt wird. Art. 81 GG regelt den Gesetzgebungsnotstand: Werden dem Kanzler das Vertrauen verweigert und der Bundestag nicht aufgelöst, so kann der Bundespräsident unter gewissen Umständen den Gesetzgebungsnotstand ausrufen, während dessen Laufzeit Gesetze auch ohne Zustimmung des Bundestags angenommen werden können, wobei die Mitwirkung des Bundesrates gewahrt bleibt.

Was früher Ausnahme- oder Belagerungszustand hieß, ist in seinen Voraussetzungen und Folgen im Art. 91 GG geregelt: Werden der Bestand oder die freiheitliche demokratische Grundordnung des Bundes oder eines Landes bedroht, und will oder kann ein Land die Gefahr nicht bannen, so kann der Bund die Polizei des Landes und anderer Länder seinen Weisungen unterstellen und den Bundesgrenzschutz einsetzen. Werden mehrere Länder bedroht, kann der Bund zur Abwehr der Gefahr den Landesregierungen Weisungen erteilen. Reichen Polizei und Bundesgrenzschutz nicht aus, so kann die Bundesregierung zu deren Unterstützung und (weitere Zweckeingrenzung) nur zum Schutz von »zivilen Objekten« und bei der »Bekämpfung organisierter und militärisch bewaffneter Aufständischer« Streitkräfte einsetzen; deren Einsatz muß auf Verlangen des Bundestags oder des Bundesrats eingestellt werden, Art. 87a Abs. 4 und 91 GG.

Ob für diese Zeit des Ausnahmezustandes auch eine besondere Notstandsgesetzgebung eingerichtet werden soll, ist umstritten.

Ähnliche Befugnisse wie nach Art. 87a Abs. 4 GG hat die Bundesregierung im Katastrophenfall nach Art. 35 Abs. 2, 3 GG, wenn eine Naturkatastrophe oder ein besonders schwerer Unglücksfall das Gebiet mehr als eines Landes bedroht: Wieder dürfen die Streitkräfte und der Bundesgrenzschutz nur zur Unterstützung der Polizeikräfte der Länder eingesetzt werden.

Der Verteidigungsfall regelt den äußeren Notstand: Art. 115a–115l GG; die Spannungszeit vor Eintritt des Verteidigungsfalles (Spannungsfall; Art. 80a GG) und die Einschränkung der Berufsfreiheit für Verteidigungszwecke, Art. 12a GG.

In Zeiten erhöhter internationaler Spannung kann der Bundestag mit Zwei-Drittel-Mehrheit beschließen, daß alle Vorschriften, die der Verteidigung und dem Zivilschutz dienen und deren Anwendung eben an den Spannungsfall geknüpft ist, uneingeschränkt angewendet werden können. Mit einfacher Mehrheit kann der Bundestag die Aufhebung der Maßnahmen verlangen, die auf Grund der anwendbar gewordenen Vorschriften getroffen worden sind. Auch ohne Zustimmung des Bundestages kann etwa auf Grund der NATO-Bündnisklausel, sofern die Bündnisorgane mit Zustimmung der Bundesregierung einen entsprechenden Beschluß faßten, das ganze Paket der meist 1968 beschlossenen einfachen Notstandsgesetze in Kraft treten.

Für die Anwendung eines solchen einzelnen Gesetzes, die sonst nur für den Verteidigungsfall vorgesehen ist, genügt die einfache Mehrheit des Bundestages; nicht aber für die Dienstverpflichtungen und die Beschränkung der Berufsausübung und des Arbeitsplatzwechsels für den Verteidigungsfall gemäß Art. 12a

Abs. 5 und 6; diesen muß der Bundestag wie im Spannungsfall mit Zwei-Drittel-Mehrheit zustimmen.

Der Verteidigungsfall tritt ein, wenn Bundestag und Bundesrat dessen Eintritt feststellen oder: wenn bei Gefahr im Verzug der Gemeinsame Ausschuß den Verteidigungsfall feststellt; der Gemeinsame Ausschuß besteht aus 22 Mitgliedern des Bundestages und 11 des Bundesrates; Art. 53a GG; oder: bei einem plötzlichen Überraschungsangriff, der ein Handeln der Bundesorgane nicht zuläßt: vom Zeitpunkt des Einfalls an. Diesen Zeitpunkt gibt der Bundespräsident bekannt, der auch die verfassungsgemäße Feststellung des Verteidigungsfalles zu verkünden hat; Art. 115a GG.

Nach verkündetem Verteidigungsfall übernimmt der Bundeskanzler die Befehls- und Kommandogewalt über die Streitkräfte, sofern er darin nicht durch die NATO-Bündnisverpflichtungen beschränkt ist, Art. 115b GG. Sofern der Bundestag, der im Verteidigungsfalle überwiegend gesetzgebungsberechtigt ist, nach Feststellung des Gemeinsamen Ausschusses nicht zusammentreten kann, so übernimmt der Gemeinsame Ausschuß die Aufgaben von Bundestag und Bundesrat.

Umwelt

Unter Umwelt versteht man die Gesamtheit der auf Lebewesen wirkenden Einflüsse, mit denen sie in Wechselwirkung stehen. Zur unbelebten (abiotischen) Umwelt zählen Licht, Luft, Luftdruck, Schall, Temperatur, Wasser bzw. Feuchtigkeit, elektrische und magnetische Felder, Strahlen, Gifte und andere Stoffe, sofern sie unorganisch oder abiotisch sind. Zur belebten Umwelt gehören Ein- und Mehrzeller, die (autotrophen) Pflanzen sowie die (heterotrophen) Tiere und Menschen, die untereinander eine Nahrungskette bilden. Die Umwelt eines Lebewesens ist sein Lebensraum (Biotop).

Umweltschutz umfaßt nach einer Formulierung der Bundesregierung von 1971 alle Maßnahmen, die erforderlich sind, um dem Menschen den für seine Gesundheit und für ein menschenwürdiges Dasein notwendigen Zustand seiner Umgebung zu sichern, um die Natur vor den durch menschliche Eingriffe verursachten unerwünschten Wirkungen zu schützen, um die aus solchen Eingriffen entstandenen Gefahren, Schäden, Nachteile oder Belästigungen zu beheben und um durch weit vorausschauende Planung die Umweltqualität zu verbessern.

Umweltschutz umgreift inhaltlich:

- Raumordnung und Landesplanung;
- Naturschutz, etwa durch Einrichtung von Naturschutzgebieten;
- Waldschutz, etwa durch Anlegung von Bannwäldern;
- Gewässerschutz, etwa durch Festlegung von Gewässerschutzgebieten;
- Schutz der Luft etwa vor Emissionen;
- Abfallbeseitigung;
- Denkmalschutz.

Zuständig sind die Umweltschutzverwaltungen, auf Bundesebene seit 1974 das Umweltbundesamt in Berlin und seit Juni 1986 der Bundesumweltminister.

Seit 1976 haben alle Bundesbehörden die Umweltverträglichkeit ihrer Maßnahmen zu prüfen. Zu diesen Maßnahmen zählen Rechtsvorschriften, Verwaltungsvorschriften, Pläne und Projekte etwa für Straßen, Kanäle, Flughäfen, Kraftwerke. Unter einem anderen Aspekt achtet die Technologiefolgenabschätzung auf die Umweltverträglichkeit - oder soll wenigstens auf sie achten.

Bei eingetretenen Umweltschäden fragt sich, wer für sie aufkommt. Nach dem Gemeinlastprinzip die Allgemeinheit. Nach dem Verursacherprinzip der Schadensstifter. Das bei uns betonte Verursacherprinzip will den Schädiger anhalten, die betriebswirtschaftlich nicht zu berechnenden externen oder Umweltverbrauchskosten in sein betriebswirtschaftliches Kalkül aufzunehmen. Wäre nämlich der Betreiber nicht gezwungen, die externen Kosten zu internalisieren, dann würde er fortfahren, Umwelt zu verseuchen oder zu vernichten. Durch Gebühren, Einleitungs- und andere Emissionssteuern sollen die Kosten für die Umweltschädigung dem Schädiger angelastet werden. So wird etwa der Verunreiniger von Wasser nach § 9 des Abwässerabgabengesetzes vom 13. 9. 1976 mit einer Abgabe belastet, die je Schadstoffeinheit von DM 12 im Jahre 1981 auf DM 40 im Jahre 1986 ansteigen soll.

Bundeseinheitlich geregelt ist der Umweltschutz im »Gesetz zum Schutz vor schädlichen Umwelteinwirkungen durch Luftverunreinigungen, Geräusche, Erschütterungen und ähnliche Vorgänge (Bundes-Immissionsschutzgesetz vom 15. 3. 1974 in der Fassung vom 4. 3. 1982).

Die Zuständigkeit für diese Regelung fällt dem Bund gemäß Art. 74 Nr. 24 GG ohnehin für Luftreinhaltung und Lärmbekämpfung zu. Bei sonstigen Einwirkungen kann sich der Bund auf Art. 74 Nr. 11 GG stützen, soweit es um Anlagen in wirtschaftlichen Unternehmungen geht.

Die Länder regeln Einwirkungen in Vorschriften, die sich nicht an die Errichter oder Betreiber von Anlagen, Fahrzeugen und Verkehrswegen wenden; desgleichen nicht an die Hersteller oder Verteiler von Stoffen. Insbesondere unterliegen der Regelung durch die Länder Einwirkungen, die unmittelbar von Menschen, Tieren oder Pflanzen ausgehen und die mit dem Betrieb von Anlagen, Verkehrswegen und Fahrzeugen in keinem inneren Zusammenhang stehen. Stehen sie im inneren Zusammenhang mit solchen Einrichtungen, werden die Einwirkungen, gleichviel ob die Einrichtungen der Genehmigung bedürfen oder nicht (§§ 6ff. und 22ff. 7. BImSchG), durch das BImSchG erfaßt.

Von nicht wirtschaftlichen Unternehmen ausgehende Einwirkungen unterliegen nur hinsichtlich des Lärms der Bundeskompetenz; desgleichen von Verkehrsanlagen ausgehende; §§ 41ff. BImSchG. Regelungsbefugt sind Länder weiter hinsichtlich serienmäßig hergestellter Teile von Betriebsstätten gemäß §§ 32ff. BImSchG, sofern der Bund von seiner Befugnis, hier Rechtsverordnungen zu erlassen, noch keinen Gebrauch gemacht hat. Gemäß ausdrücklicher Zuweisung nach § 49 Abs. 3 ImSchG können die Länder die Gemeinden und Gemeindeverbände ermächtigen, für bestimmte Gebiete, die etwa durch Smog besonders belastet sind, Immissionsschutzvorschriften zu erlassen; die Länder können hier auch Rechtsverordnungen beschließen. Länder können auch tätig werden, wenn eine rechtmäßig erteilte Genehmigung widerrufen wird und der Betroffene einen Erstattungsanspruch hat. Insgesamt können die Länder alles regeln, was nicht primär dem Schutz vor Einwirkungen dient, etwa den Lärmschutz in Sonn- und Feiertagsgesetzen, die primär auf die Einhaltung der Sonntagsruhe ausgehen.

Außerhalb des BImSchG sind beispielsweise geregelt der Fluglärm im Fluglärmschutzgesetz v. 30. 3. 1971, der Strahlenschutz im Atomgesetz v. 23. 12. 1959 i.d.F. v. 31. 10. 1976 und der auf es gestützten Strahlenschutzverordnung. Abweichend vom BImSchG ist auch das atomrechtliche Genehmigungsverfahren geregelt; vgl. die entsprechenden Richtlinien des Bundes-Innenministers in den Bekanntmachungen v. 4. 8. 1978 - RSI4 - 513 801/I; v. 22. 3. 1977 sowie v. 20. 1. 1977.

Teilweise früher als der Bund haben die Länder eigene Immissionsschutzgesetze erlassen, so etwa Niedersachsen am 6. 1. 1966 und Rheinland-Pfalz am 28. 7. 1966. Das entsprechende Gesetz in NRW ist am 18. 3. 1975 ergangen.

Die Immissionsschutzgesetze übernehmen meist die Zielsetzung des Umweltschutzes, wie sie die Bundesregierung 1971 formuliert hat. Sie beziehen sich auf das Errichten und Betreiben von Anlagen, auf das Herstellen, Handeln und Einführen von Anlagen und gewissen Erzeugnissen und Stoffen gemäß §§ 32–37; auf die Beschaffung, den Betrieb und die Ausrüstung von Fahrzeugen gemäß §§ 38–40 und auf den Bau von Straßen, Eisenbahnen und Straßenbahnen. Gemäß §§ 32ff. wird der Schutz vorverlagert, sofern er schon die Herstellung erfaßt.

Doch wird dieser Schutz auf Luftverschmutzung und auf Schutz vor Lärm und Erschütterung eingeengt, während der Schutz vor von Anlagen ausgehenden Einwirkungen deren viele erfaßt, § 4 BImSchG.

Daher bedürfen Anlagen der Genehmigung, die »in besonderem Maße geeignet sind, schädliche Umwelteinwirkungen hervorzurufen oder in anderer Weise die Allgemeinheit oder die Nachbarschaft zu gefährden, erheblich zu benachteiligen oder erheblich zu belästigen«.

Ausgenommen sind etwa Tagebaue. Welche Anlagen der Genehmigung bedürfen, setzt die Bundesregierung nach Anhörung von Wissenschaftlern, Wirtschaftlern und Betroffenen sowie der jeweils obersten Landesbehörde der entsprechenden Branche fest.

Gemäß § 5 BImSchG sind solche Anlagen so zu errichten, daß

1. schädliche Umwelteinwirkungen, sonstige Gefahren und erhebliche Belästigungen ausbleiben;
2. diesen Einwirkungen durch Maßnahmen, die dem Stand der Technik entsprechen, vorgebeugt wird;
3. die Reststoffe schadlos verwertet oder »soweit dies technisch nicht möglich oder wirtschaftlich nicht vertretbar ist, als Abfälle ordnungsgemäß beseitigt werden«.

Die technischen Anforderungen und die Grenzwerte für die Einwirkungen legt die Bundesregierung nach Anhörung der in der entsprechenden Branche Tätigen (»betroffene Kreise«, vgl. § 51 BImSchG) durch Rechtsverordnung fest. Genügen Anlagen diesen Verordnungen und dem § 5 BImSchG, so sind sie nach § 6 zu genehmigen, sofern auch andere öffentlich-rechtliche Vorschriften und Belange des Arbeitsschutzes dem nicht entgegenstehen.

Eingehend sind dann noch das Genehmigungsverfahren geregelt, nachträgliche Anordnungen, Einsprüche Dritter, Untersagung des Betriebs bei Nichtvollzug einer behördlichen Anordnung – es genügt auch hier festzuhalten, daß wir immer wieder auf außerordentlich umrißlose sogenannte »Gummi-Paragraphen« stoßen, so etwa auf den § 25 Abs. 2 BImSchG:

»Wenn die von einer Anlage hervorgerufenen schädlichen Umwelteinwirkungen das Leben oder die Gesundheit von Menschen oder bedeutende Sachwerte gefährden, soll die zuständige Behörde die Errichtung oder den Betrieb der Anlage ganz oder teilweise untersagen, soweit die Allgemeinheit oder die Nachbarschaft nicht auf andere Weise ausreichend geschützt werden kann.«

Diese Vorschrift betrifft zwar nur nicht genehmigungsbedürftige Anlagen, aber auch solche, die zwar genehmigungsbedürftig, aber nur anzeigepflichtig sind; vgl. § 27 BImSchG. Immer aber greift der Bund mit Rechtsverordnungen ein, die auf dem Gebiet des Umweltschutzes den Charakter konkret-genereller Maßnahmen haben, wenn auch in der Form der »Rechtsverordnung« verschleiert.

Der Bund legt also durch Rechtsverordnung Grenzwerte fest. Rechtsverordnungen sind Gesetze, nur nicht von der Volksvertretung verabschiedet, sondern von der Verwaltung. Rechtsverordnungen können also nur die Form des Wenn-Dann oder Wer-Der haben. Sie knüpfen im Vorsatz an etwas an, was alle Bürger nachvollziehen können. Das ging ja auch gut so. Wer stiehlt, wird bestraft. Wer betrügt? Schon der außerordentlich abgehobene Tatbestand »Betrug« läßt sich im Sachverhalt kaum nachweisen. Immerhin lebten wir leidlich mit ihm, sofern jedenfalls die preußische Gesinnung dahinter stand: keine Bereicherung durch Lüge. Immerhin läßt sich, wie mühsam auch immer, Betrug nachweisen. Strahlenschäden aber kaum, weil es an einem nachvollziehbaren Sachverhalt fehlt.

Bürgerlicher Ungehorsam

Gewalt geht hier von Sachen aus. Das kennen wir von der Gefährdungshaftung: von Eisenbahnen, Kraftfahrzeugen, Flugzeugen.

Wir kennen es aber auch von Kernkraftwerken. Indessen bei ihnen fehlt es einfach an einem Sachverhalt, der nachweisbar wäre. Und dennoch, wir wissen: rund um das erste Kernkraftwerk der Welt, Dounray in Schottland, natürlich weit von London, sterben Kinder an Blutkrebs, Leukämie. In die Irische See wurden durch Sellafield (Windscale mochten sie nicht mehr sagen, also umgetauft, und Problem gelöst) seit 1955 250 Kilogramm Plutonium eingeschüttet; ein millionstel Gramm reicht, einen Menschen zu töten. Im Umkreis von Harrisburg sterben 50mal soviel Menschen wie sonst an Krebs. Tschernobyl verseucht die Ukraine. In all diesen Fällen geht ein Angriff auf die Bevölkerung zweifellos von derartigen Anlagen aus.

Völkerrechtlich blieb das Problem zwischen Angriff und Verteidigung ungelöst. Die Satzung der Vereinten Nationen verbietet in ihrem Artikel 2 Abs. 4 jede Anwendung von Waffengewalt. Doch erlaubt Artikel 51 der UN-Satzung die Selbstverteidigung. Die Satzung der Vereinten Nationen entspricht unserem Notwehrbegriff. Die Maßnahme des Volkes muß notwendig sein, um einen rechtswidrigen und gegenwärtigen Angriff auf sich oder andere abzuwehren. Erinnern wir uns an die Notstandsvorschriften:

StGB: »Wer eine Tat begeht, die durch Notwehr geboten ist, handelt nicht rechtswidrig. Notwehr ist die Verteidigung, die erforderlich ist, um einen gegenwärtigen rechtswidrigen Angriff von sich oder einem anderen abzuwehren.«

BGB: »Eine durch Notwehr gebotene Handlung ist nicht rechtswidrig. Notwehr ist diejenige Verteidigung, welche erforderlich ist, um einen gegenwärtigen rechtswidrigen Angriff von sich oder einem anderen abzuwehren.«

Wir gehen die Tatbestandsmerkmale im einzelnen durch. »Angriff«: Das Bürgerliche sowie das Strafgesetzbuch stellten sich vor, Angriffe gingen allein von Menschen aus. Nun aber gehen Angriffe auch von menschlich zugerichteten Sachen aus. Dies ist ein Umstand, der jedenfalls unter deutschen Juristen noch nicht entsprechend erörtert worden ist – anders bei den Angelsachsen und

Skandinaviern, die hier vom »bürgerlichen Ungehorsam« *(civil disobedience)* reden. John Rawls definierte 1971 (A Theory of Justice, Harvard UP, S. 364) diesen Begriff so: »Eine öffentliche, nicht gewaltsame, gewissenhafte und zugleich politische, gesetzeswiderläufige Handlung, die üblicherweise eine Änderung der Gesetze oder der Regierungspolitik anzielt.«

Als Beispiel für bürgerlichen Ungehorsam gelten etwa Demonstrationen gegen KKW's, gegen neue Großflughäfen oder die Erweiterung alter oder gegen spekulative Wohnsubstanzvernichtung. Aktionen also, die den Betroffenen oft als letztes Mittel erschienen, eine von den Anlagen drohende Gefahr abzuwehren. Gerechtfertigt wird die Gesetzesverletzung in diesen Fällen oft wie im Paetsch-Fall (Bundesgerichtshof in Strafsachen, Band 20, S. 342) mit dem überragenden Recht der Freiheit der Meinungsäußerung. Im Paetsch-Fall war der Verrat von Staatsgeheimnissen am Belang der Öffentlichkeit zu bemessen, über die Machenschaften des Verfassungsschutzes aufgeklärt zu werden. Dabei sind zunächst andere Mittel einzusetzen und erst wenn die nicht fruchten, kann sich der »Verräter« an die Öffentlichkeit wenden.

In unserer Neigung, den Angriffscharakter dieser von Sachen ausgehenden Gewalt zu bejahen, sehen wir uns durch die Ausweitung der Haftung für gefährliche Anlagen in Rechtsanalogie bestätigt. Wenn für uns heute harmlos dünkende Anlagen wie die Eisenbahn schon die Schuldhaftung aufgegeben wurde, dann wird sie erst recht zugunsten der Gefährdungshaftung für die viel gefährlicheren KKW's aufgegeben, einfach weil diese noch viel unberechenbarer in ihren Voraussetzungen und Folgen sind.

Das ist richtig, reicht aber nicht. Denn im Falle eines GAU's wie Tschernobyl kann der Betreiber einfach nicht für alle Schäden aufkommen. Er wird sie auch bestreiten, eben weil kein exakter Nachweis möglich ist. Die Gegenwärtigkeit des Angriffs bezieht sich also auf die absolute Wehrlosmachung der jeweils bedrohten und schon geschädigten Bevölkerung, auf derer gänzliche Auslieferung, weil sowohl beim Betrieb als auch bei einem Unfall keine dem Bürger nachvollziehbaren Gesetze überhaupt vorliegen können.

Juristisch gesagt: Nicht wer diese Anlagen abwehrt, handelt rechtswidrig, sondern wer sie unter dem Vorwand betreibt, er habe das alles im Griff. Denn er ist außerstande, den verheerenden Schaden bei einem Unfall abzuwenden.

Der rechtswidrige Angriff ist also gegenwärtig, ohne daß es zum Unfall kommen muß. Denn die Strahlen- und Giftgasausschüttungen vollziehen sich tagtäglich, und »kleinere« Störfälle setzen mal mehr, mal weniger Gift frei. Erst recht beim »Unfall«.

Daß dieses Recht auch der öffentlichen Sicherheit nutzt, erwies sich daran, daß Boehringer Hamburg erst auf öffentlichen Druck die Herstellung des Unkrautvernichtungsmittels 2,4,5-T eingestellt hat, nicht auf Druck der Behörden; Dynamit Nobel in Rheinfelden sie erst auf öffentlichen, d. h. »Druck der Straße«, einstellen wird.

Korrekt daher auch das Verlangen, nach dem Verursacherprinzip eine Chlorsteuer einzuführen sowie bei Umweltschäden wenigstens nach japanischem Vorbild die Beweislast zuungunsten des Verseuchers umzukehren, der dann zu beweisen hätte, daß der Schaden nicht auf seine Einwirkungen zurückgeht.

8. Rechtsrhetorik im Vergleich

Der mitteleuropäische Rechts- und Kulturkreis

Wohl nirgendwo war der Boden für eine grundlegende Erneuerung des Rechtsdenkens so vorbereitet wie in Deutschland nach den beiden Weltkriegen. Vor allem im Dritten Reich hatten sich die Gesetze als nahezu unbegrenzt auslegbar erwiesen. Die Hauptfrage lautet daher: Wie arbeiten wir unsere Vergangenheit auf, ohne auf Weisen und Formen zu verzichten, die uns ebendiese unsere unselige Vergangenheit beschert haben? Oder, ins Rechtliche gewendet: Wie gehen wir mit unseren Gesetzen um, mit deren Hilfe Gewaltherrscher die Macht ergriffen haben? Auf Gesetze und einen zu ihrer Handhabung berufenen Juristenstand können wir kaum verzichten. Aber wir müssen uns vorsehen, daß diese nicht wieder zu Steigbügelhaltern für Gewaltherrscher werden. Von diesem Problem sind das bundesdeutsche Recht und Rechtsdenken geprägt. Verdeutlichen wir uns diesen Aspekt etwas näher.

Das deutsche Recht ist wie kein anderes ein Ausbund an Gelehrsamkeit. Der Grundschlag des deutschen Juristen ist der »Rechtsgelehrte«. Rechtsgelehrsamkeit aber war - vor allem im letzten Jahrhundert, in welchem unsere wesentlichen Gesetzbücher geschaffen wurden - begriffsgläubig. Man hielt sich an vermeintlich Ausgehandeltes, ohne es ausgehandelt zu haben, an das vermeintlich Offensichtliche, ohne zu sehen. Dieses wurde dann außer Frage gestellt oder, anders gesagt, positiviert.

Begriffs-, Satz- und Schlußförmigkeit beherrschten die Gemüter so stark, daß wir nach dem Zweiten Weltkrieg in naturrechtliche Zwangsvorstellungen zurückfielen, wie sie sich zum Beispiel in Art. 79 Abs. 3 des bundesdeutschen Grundgesetzes niederschlagen. Danach kann selbst bei einem einstimmigen Entscheid des Volkes das sogenannte verfassungsfeste Minimum nicht außer Kraft gesetzt werden. Das will auch wohl keiner. Doch daß das keiner darf, legt die juristische Gedanken- und Beweisführung auf

Hohes Gericht!

das Stehenbleiben beim Unbewiesenen fest, den *logos hypothetikos*.

Mit dieser Unangreifbarkeit gerüstet, kann sich ein Gremium wie unser Bundesverfassungsgericht dann alle Spekulationen leisten und leistet sie sich auch. Wären unsere Juristen nicht rhetorisch so ungebildet, würden sie wissen, daß Grundrechte viel stärker durch die Reichhaltigkeit der Argumentation sowie durch Medienvielfalt gesichert werden als durch knöcherne Ableitungen von verkrusteten »höchsten Werten« her.

In dieser Lage wirkte die Schrift Theodor Viehwegs »Topik und Jurisprudenz«, 1. Aufl. 1953, klärend. Zugleich erregte sie heftigen Widerstand. Denn sie richtete sich gegen das vorherrschende Wesensdenken, gegen die juristische Ontologie. Und sie wies nach, daß die Methode der Juristen eher das Denken und Reden in *topoi* sei, die für eine Problemlösung herangezogen werden, als Ableitungen, die auch nur *topoi* unter anderen sein können.

Widerstand kam vor allem von den Schülern eines Karl Larenz, der schon zu Zeiten der nationalsozialistischen Gewaltherrschaft ein Würdenträger des Regimes gewesen war und bis heute von seinem verklärten Begriffs- und Wesensglauben nicht gelassen hat. Da Viehwegs Gedanken einige Sprengkraft entfalteten, konnten die Vertreter der vorherrschenden Richtung sie nicht ganz verdrängen und verschweigen. Einige wollten sie bestenfalls für den Bereich unbestimmter Rechtsbegriffe gelten lassen, wobei sie die Antwort auf die Fragen schuldig blieben, ob denn der Bereich des bestimmten Rechtsbegriffs nicht nur auch topisch hinweisend bestimmbar sei. Andere verbannen die Topik in das Vorzimmer der Wissenschaft und halten trotz der derzeitigen wissenschaftstheoretischen Auseinandersetzung hartnäckig an der Illusion fest, es gäbe so etwas wie eine »beschreibbare Beschreibung« oder einen rein rechtswissenschaftlichen Erkenntnisgewinn. Wieder andere vermissen an der Topik, daß sie die Wertfrage nicht stelle. Sie übersehen dabei, daß Werte Einzelentscheidungen bündeln und begrifflich überhöhen, wohingegen gerade Topik Werte in Handlungen aufbündelt und entsublimiert. Noch andere schließlich möchten das forscherische und suchende (zetetische) Denken, das der Topik eigen ist und das das verschulte Denken verortet oder, falls nötig, aufbricht, auf das Verhältnis Zuständigkeit - Ausführung übertragen. Sie verkehren damit die Topik gedanklich wie geschichtlich in ihr Gegenteil. Denn Topik behauptet mit dem Primat des Praktischen Ausführung vor Zuständigkeit und meidet die mit dem Kompetenzbegriff verbundenen Widersetzlichkeiten.

Die Topik-Diskussion, die man immer wieder zu bilanzieren suchte, wird fortgeführt. Viehwegs Überlegungen wurden von seinen Freunden und Schülern in Mainz weitergeführt, aber auch parallel von Rechtsdenkern wie Josef Esser in Tübingen angestellt, der in seinen Schriften durchaus die Zwieschlächtigkeit und Offenheit der Rechtsbegriffe betont, auch wenn er sich weder der rhetorischen Ausdrucksweise bedient noch sie vertritt: Die deutschen Hüter von Recht und Ordnung nehmen wahr, daß in der öffentlichen Auseinandersetzung ihre Rede so wichtig ist wie einst die eines Goebbels und Hitler, die seinerzeit mit ihren NS-Rednerschulen das Reich durchwebten und rhetorisch dem Gewaltregime den Boden bereiteten. Es wurde die topisch-anleitende Seite des Rechts hervorgekehrt.

Dem ganz entgegengesetzt scheut sich der Rechtssoziologismus, der auf den formalen Empirismus Fichtes zurückgeht, schon kraft seines dogmatisch gefaßten Erfahrungsbegriffs, sich auf andere Arten der Erfahrung einzulassen, als auf solche, die in einer unteren und oberen Satzreihe aussagbar sind: in Hypothesen und Wahrnehmungssätzen oder, juristisch gesagt, in gesetzlichen Tatbeständen und einzelnen Sachverhaltsschilderungen. Diesen engen Erfahrungsbegriff schließt selbstredend der rhetorisch-topische Ansatz ein. Nur bleibt er nicht an ihm haften. Daher kann der soziologische *legal realism,* der, von den USA ausgehend, den skandinavischen Norden ergriffen hat, den rhetorischen Ansatz nicht verstehen, auch wenn in ihm, etwa was die Gestaltung des Rechtsverfahrens betrifft, zuweilen rhetorische Grundüberlegungen durchschlagen.

Die Rechtsforschung in der Schweiz und in Österreich ist überwiegend fachlich dogmatisch ausgerichtet; juristisch, soziologisch oder logikwissenschaftlich verschult und in diesem Zusammenhang nicht erwähnenswert. Anders in den Niederlanden und im flandrischen Belgien und hier vor allem die Gruppe um Jan Broekman aus Leuwen. Jan Broekman weist mit seiner gründlichen Kritik am Ontologismus und an der Subjektzentrierung durchaus in die rhetorische Richtung. Damit scheint er einen ähnlichen Weg einzuschlagen wie die Münchener Ulfrid Neumann und, vielleicht noch zögernd, Wolfgang Fikentscher.

Die romanischen Länder

Soziologismus und Logizismus scheinen in den romanischen Ländern einen noch höheren Stellenwert einzunehmen als in Mitteleuropa und bei den Angelsachsen. Und dies wiederum hängt offensichtlich mit dem anderslautenden Hauptproblem vieler romanischer Länder zusammen: der regionalen und sozialen Ungleichheit. Der Wunsch, eine Ausgewogenheit zwischen Gebieten und Schichten herzustellen, wird dann drängend.

Richten wir vielleicht erstmal unser Augenmerk auf das französische Verwaltungsrecht. Was Norbert Elias thematisierte: den vom französischen Hof ausgehenden Prozeß der Zivilisation und der Verförmlichung, kann man in der französischen Verwaltung mit Händen greifen: ein strenges Ableitungsgefüge von einem allmächtigen Zentrum her. Was früher der König, ist jetzt Paris, und was früher die Steuereintreiber, heute die Präfekten. Durch Paris läuft alles. Paris ist die höchste Mitte der Kommunikation. Hier sitzt die Regierung, hier werden vier Fünftel der Industrieumsätze getätigt, hier wohnen ein Drittel aller französischen Studenten und zwei Drittel aller französischen Künstler. Paris ist eine Art Axiom, dem eine hergeleitete und zumeist armselige, aber immer ohnmächtige Provinz unterworfen ist.

Was in Frankreich die Hauptstadt, das ist in vielen iberischen Ländern das Patronat aus Grundadel, Staat, Heer und Wirtschaft. Eine Bewegung, wie etwa die von Dilthey ausgehende geisteswissenschaftliche Pädagogik, die gegen solche sozialen Großmächte ihren eigenen Bereich erstritt, zeichnet sich etwa dank Ivan Illich in Mexiko oder Paolo Freire in Brasilien erst in unseren Tagen ab. Sozial zum Tragen kam sie nur in der Revolution, ein *topos,* der in der Iberica einen guten, fast zärtlichen Klang hat. Revolution ist aber zuvörderst antilegalistisch. Sie möchte vor allem die gesetzlich abgesicherten Besitz- und Eigentumsverhältnisse aufbrechen, welche die Romanica einschnüren.

Ähnlich steht es um den wohl führenden Rechtstheoretiker in der Hispanica, Luís Recaséns Siches. Dieser Autor, der sich wie kaum ein anderer im weltweiten Rechtsdenken auskennt, hat ein verläßliches Kompendium der Rechtstheorien der Welt zusammengestellt. Doch fehlt hier leider die philosophische Klarsicht. Es fehlen der Bezug zur Gegenwart und die Ansichtung zur Grenze, jenseits derer wissenschaftskundiges Denken in Handeln umzuschlagen hat. Ich laufe hier sicherlich Gefahr, einem so verdienten Autor wie Recaséns Siches ungerecht zu werden, aber auch einem Autoren wie Miguel Reale und Luís Legaz y Lacambra, die ich bisher nicht erwähnte, die ich aber ähnlich einschätze wie Recaséns Siches.

Anders als in Frankreich und der Iberica treffen wir in Belgien einen ausgeprägten Regionalismus an, der sich schon äußerlich in der Unterschiedlichkeit Walloniens zu Flandern zeigt, aber auch in unterschiedlicher Bündelung einzelner Aufgaben auf einzelne Städte; man vergleiche nur Lüttich und Brügge. Daher wird es wohl nicht nur rein zufällig sein, daß der bedeutendste Beitrag der romanischen Rhetorik im Recht aus der Brüsseler Gruppe um Chaim Pérelman stammt.

Besondere Aufmerksamkeit verdient Italien. Hier stehen Feier- und Beratungsrede auch heute in traditioneller Blüte. Nicht so die juristische Rhetorik. Italiens Rechtsdenken war bis vor kurzem der eigenen Rechts- und Quellengeschichte verhaftet; danach, mehr als ihm guttat, dem deutschen und angelsächsischen Rechtsdenken. Doch weisen die »Materiali per una storia della cultura giuridica« dank ihrem umfassenden rechts- und kulturkritischen Ansatz in eine Richtung, die hoffnungsvoll stimmt. Wer weiter so beherzt und profund das Abstraktionsprinzip aufarbeitet, das über den deutschen Idealismus die Gemüter fesselte, wird über kurz oder lang auf die Tradition der Rhetorik im Recht zurückkommen müssen, als deren beredtesten Vertreter der Neuzeit wir Vico kennen, den großen Gegenspieler von Descartes, dem auch Viehweg und Pérelman ihre Anregung verdanken.

Der angelsächsische Rechts- und Kulturkreis

Die Hauptfrage der angelsächsisch geprägten Länder scheint mir die Erfolglosigkeit bloßer Erfolgsgesinnung zu sein. Es läßt sich wohl Einigkeit darin herstellen, daß das Angelsachsentum im Gegensatz zur Romanica von einer verneinten Weltprämisse ausgeht, dem in seiner Gnade unberechenbaren Gott, dem Krieg als Urzustand. Die Antwort auf diese Frage ist dann eine formal zugerichtete Gesellschaft, die sich mehr schlecht als recht im Frieden hält.

Herrscht im romanischen Rechts- und Kulturkreis ein logizistischer Soziologismus vor, so in den angelsächsischen Ländern ein psychologisierender Funktionalismus, und es wird auch behauptet, daß dies die Eigenheiten der jeweiligen Sprachen auspräge: Ist beispielsweise der französische Satz subjektbetont, so der englische objektgerichtet. Der französisch Redende steht unter dem Zwang, das Ausgesagte aus einer an Subjektstelle zu behauptenden Grundgröße herzuleiten. Der englisch Redende fühlt sich gedrängt, die Nützlichkeit des Ausgesagten darzulegen. Zwar erreicht das Englische im Gegensatz zum Französischen das Einzelne, dies aber nur unter dem dogmatischen Aspekt des Zwecks oder der Tauglichkeit für einen Zweck. Im Mittel-Zweck-Bezug erscheint die Welt als durchgehend entsinnlicht, abstrakt, entfremdet. Dem fügt sich das Recht in folgender Weise: Das *common law,* ursprünglich ein offenes Fallrecht, das Lösungen vergleichsweise suchte und fand, wurde im 13. Jahrhundert verschult und vergreiste. Es schrumpfte auf Dogmatik ein. Die Königsgerichte, die den römischen *actiones* entsprechend urteilten, verfielen im Laufe der Zeit auf einen starren Formalismus. Dem suchte seit dem 15. Jahrhundert das *equity law* (»for the love of god and in the way of charity«) entgegenzusteuern. Die Rechtsmassen des *common law* und des *equity law* wurden im zweiten Drittel des letzten Jahrhunderts verschmolzen.

Dank der umfassenden Gesetzeswerke näherte sich das angelsächsisch geprägte Recht dem europäischen Festländischen. Doch blieb der Denk- und Argumentationsstil unterschiedlich: Es entspricht angelsächsischer Geistigkeit, wie sie sich etwa im Nominalismus niederschlägt, die Rechtsfälle und Fallgruppen immer enger zu fassen. Erst auf diesem Hintergrund wird etwa ein Roscoe Pound verständlich, der die Wende zur sogenannten *sociological jurisprudence* einleitete. Er kehrte den Blick von den *black-letter rules* zum *law in action.* Für ihn und seine Schüler war Recht Vorhersage dessen, wie Richter letztlich urteilen würden. Diese Einengung des Rechts auf letztlich nur psychologisch aussagbare Verhaltensweisen des Richters ließ sich so nicht durchhalten und verläuft seit einiger Zeit auf zwei unterschiedlichen Ebenen:

Einerseits sind es vor allem die der analytischen Philosophie verbundenen Rechtsdenker wie H. L. A. Hart, die auf begriffliche Verallgemeinerungen wie die Anerkennungsregel zurückfallen. Sie nähern sich damit neukantischen Rechtsdenkern wie Karl Bierling oder Hans Kelsen an.

Andererseits werden Stimmen laut, die Verallgemeinerungen, ohne welche nun einmal kein Jurist auskommt, durch ganz bestimmte Redeweisen ausgelöst finden. Hier ist zunächst an die durch Basil Bernstein initiierte Soziolinguistik zu erinnern. Doch wichtiger scheinen mir die Befunde der angelsächsischen Psycholinguistik, vor allem die Attributionslehre, zu sein. Sie sind indessen im angelsächsischen Rechtskreis kaum in die juristische Rhetorik einbezogen worden, und dies leider ebensowenig die Erkenntnisse der Sozialanthropologie, die in den angelsächsischen Ländern hoch in Blüte steht.

Das Ergebnis mag enttäuschend sein - gleichwohl ist es ein Ergebnis. Juristische Beredtsamkeit kommt im angelsächsischen Rechts- und Kulturkreis kaum vor. Zwar erfährt der Wissenszweig, der am ehesten eine *rhétorique nouvelle* anregen kann, die linguistische und Persönlichkeitspsychologie, in den angelsächsischen Ländern einen unübersehbaren Aufschwung, doch fehlt es weiterhin am Mut, die eigenen Fachgrenzen zu überspringen und sich die Befunde anderer Fächer anzueignen.

Der sowjetische Einflußbereich

Sowenig wie im angelsächsischen Rechtskreis wird im sowjetischen die rechtliche Beredtsamkeit besonders beachtet. Im sowjetischen Einflußbereich darf juristische Rhetorik nicht thematisiert werden, weil die offene Auseinandersetzung unmittelbar an die Substanz der Herrschaft geht. Die gleichwohl nicht abzudrängenden Fragen werden fachsprachlich gestellt und beantwortet, wobei auch der historische Materialismus zu einer Fachsprache erstarrt ist. Denn der Kommunismus dünkt sich jedenfalls in der sowjetischen Auslegung als das aufgelöste Rätsel der Menschheit. Unter diesen Umständen ist das soziale Hauptproblem des Sowjetreichs, wie es von der Sowjetführung gestellt wird, die Absicherung und Ausdehnung des Sowjetkommunismus, der immer deutlicher großrussische Züge annimmt und in seiner Weise das Zarentum zu verewigen trachtet. Moskau ist das dritte Rom.

Das bedeutet für die Rechtsrede: Sie wird, wenn überhaupt, nur in machtfernen Bereichen eigens bearbeitet, so etwa in literatur- und kunstkundlichen Werken, fast nie aber in politik-, rechts- oder wirtschaftswissenschaftlichen Veröffentlichungen. Dabei ist mit

Händen zu greifen, daß sich das Sowjetreich vor allem dank rechtlicher Eingriffe seine Grundlagen schuf.

Die ersten Erlasse der jungen Sowjetmacht waren Enteignungsdekrete, geboren aus der Beredtsamkeit eines Lenin, der die private Verfügungsmacht über Produktivvermögen als das soziale Erbübel entwickelter Großgesellschaften anprangerte. Diese juristische Gewalttour ohnegleichen war durch den französischen Sozialismus vorbereitet, der sich auf die Eigentumsfrage konzentriert hat. Nachrevolutionäre Denker wie Eugen Paschukanis oder Peter Stutschka trachteten danach, die einschnürende Interpretation von Recht und Wirtschaft durch Thematisierung der Warenförmlichkeit und der Gesetzesform auf eine mehr rhetorisch kulturvergleichende Ebene zu bringen - ein Anliegen, das sich heute wieder Gehör verschafft.

Doch die rigide öffentliche Sprachregelung läßt nur vergleichsweise verschulte Überlegungen und Sprechweisen zu. Legt man indessen die rechtlichen und sozialen Grundfragen bloß, dann stößt man wieder auf Auseinandersetzungen, die auch uns angehen. Dafür ein Beispiel aus dem wichtigsten Teil des heutigen Sowjetrechts, der neuen Verfassung von 1978, die die Stalinsche Verfassung von 1936 abgelöst hat:

Der neugefaßte 1. Teil der Verfassung führt unter dem Titel »Das politische System« Organisationen, Aufbaugrundsätze und Entwicklungslinien der Sowjetgesellschaft an. Die Organisationen nun gehören auch zur sozialistischen Demokratie und können, da die Grundrechte und Grundfreiheiten auf der sozialistischen Demokratie beruhen (Art. 39, 50, 59), diese auch nicht frei ausüben. Sind sie nun gleichwohl den Aufbauprinzipien und Entwicklungsgesetzen der Sowjetgesellschaft unterworfen? Die Beantwortung dieser Frage hängt davon ab, wie der zunächst als rein dogmatisch anmutende Streit entschieden wird, den sowjetische Staatsrechtler um die Frage führen: Ist das »politische *System*« umfassender als die »politische *Organisation*«, oder sind beide Ausdrücke gleichbedeutend? Bedeuten beide das gleiche, dann sind Unorganisierte auch nicht den Aufbaugrundsätzen und Entwicklungslinien unterworfen, also etwa nicht dem demokratischen Zentralismus, Art. 3, den Lenin richtiger »bürokratischen Zentralismus« nannte, und auch nicht der notwendigen Entwicklung zum Kommunismus. Ihre Chance, sich selber zu organisieren und zu entfalten, könnte ihnen nicht durch das politische

System abgesprochen werden. Anders wenn das politische System die politische Organisation einschließt und über sie hinausreicht, dann wäre ihm jeder einzelne – auch der Unorganisierte – unterworfen. Ebendies fordert die kommunistische Partei der UdSSR, die »den Kern des politischen Systems« bildet, Art. 6 Abs. 1. Denn sie teilt mit niemandem ihre Macht, auch nicht mit – dieser Ausdruck steht im russischen Text in Anführungszeichen – »freien Menschen«.

Offenbar kann sogar eine so mächtige Organisation wie die KPdSU sich nicht ganz der Umstände entheben, zu denen nicht nur die Weltmeinung zählt, sondern auch die öffentliche Meinung im eigenen Land. Ganz in dieser Linie liegt es, daß man den Unterschied zwischen Recht und Formalgesetz betont. Man sieht die Staatsverwaltungen an bestimmte Lagen gebunden und weist auf die Unverzichtbarkeit der Pragmatik hin.

Im ganzen läßt sich feststellen: Dank der ungeheuren sozialen, nationalen und kulturellen Widersprüche im sowjetischen Einflußbereich und durch das riesige Gefälle zwischen Stadt und Land in der UdSSR hat die Rechtssprache dort eine ungleich größere Bedeutung und Chance als etwa in den USA, einem Land, das trotz seiner vielen Ghettos weit homogener ist als die UdSSR.

China und Japan

Wie keine andere ist die chinesische Geistigkeit darstellerisch, ohne sich eigens rechtstheoretisch zu bedenken. Dies verdankt die chinesische Kultur wohl weitgehend ihrer Sprache. Die chinesische Sprache flüstert Seins- und Wesensgläubigkeit gar nicht erst ein. Sie kennt nicht die Kopula »ist«, kraft derer etwas als etwas vorgestellt werden kann. Das Chinesische weigert sich, ein ihm Ungewisses dadurch in den Kreis der Gewißheit zu zerren, daß es es aussagt. Denn selbst wenn ein Ungewisses etwa durch die Satzform mit einem Gewissen verknüpft wird, bleibt die Verknüpfung ungewiß. Die Satzform selber, die durch das Verbindungswörtchen »ist« geschaffen wurde, steht auf schwachen Füßen.

Wichtiger als das Festhalten durch Identifizierung dünkt das Chinesische das Aushandeln durch Analogie und Vergleich. Um der Reichhaltigkeit der Erörterung willen bevorzugt es widersprüchliche Wendungen. Der Gegensinn der Urworte fließt in Wendungen ein wie: »ein großer, kaum hörbarer Klang«. Aus dieser Widerläufigkeit entfaltet sich der richtige Weg und folgt die Zwei-Linien-Lehre, die Politik, Gesellschaft und Recht Chinas bestimmt.

Das Hauptproblem ist hier, sich inmitten der Widersprüche auf dem rechten Weg zu halten. Es kommt auf den Weg an, auf das, was auf ihm erreicht wird. Der Weg ist Teil des Ziels und nicht bloßes Mittel zu einem Zweck. Chinesisches Denken ist, um Ausdrücke von Carl von Clausewitz anzuführen, zielbezogen, aber anders als das angelsächsische nicht zweckgerichtet. Dadurch unterscheidet es sich vom angelsächsischen *processing,* das etwa Begriffe wie Geltung *(validity)* als zweckgerichteten Prozeß der In-Geltung-Setzung *(validation)* versteht.

Jedes bedeutende chinesische Werk erwähnt *tao,* den Weg. *Tao* ist der Auftrag des Himmels an Menschen und Herrscher, im Einklang mit Himmel und Erde zu leben.

Sofern also die Gesellschaft Überlieferung und Herkommen achtet, lebt sie gemäß *tao.* Ächtet sie ihr Herkommen, dann kommt sie vom rechten Weg ab. Dann muß *fa* her, das Gesetz. Das Gesetz aber geht vom Bösen aus und verstetigt es. Die Sitte dagegen gewärtigt zwar das Böse, begegnet ihm aber gütlich durch Opfer.

Das bedeutet: Ostasiatisches Recht, besonders aber das chinesische, kennt nicht den gnadenlosen Kampf der Parteien vor Gericht, den Kampf ums Recht. Zwar ist das deutsche Bürgerliche Gesetzbuch in mehreren Ländern Ostasiens rezipiert worden, zum Glück aber nicht der kontinentale Denkstil. Der Prozeß als Privatkrieg zwischen den Parteien - diese Vorstellung ist unsittlich und führt vom guten Weg ab. Vielmehr darf auch im Prozeß keiner zur Gänze unterliegen und so sein Gesicht verlieren.

Zwar können wir heute feststellen, daß sich China mit seinen Neuerungen wieder dem formellen und gefährlichen *fa* zuwendet. Doch sieht sich China angesichts der Bedrohung durch die Sowjetunion und seiner wirtschaftlichen Rückständigkeit zur Aufrüstung und Technisierung gezwungen, denn es will nicht wieder Beute friedloser Länder werden, und es möchte auf seinem erfolgreichen Weg weitergehen, vom Elend zur Armut und von der Armut zum Wohlstand zu gelangen.

Zusammenfassend läßt sich sagen: Recht war in China anders

als im Abendland nie eine abgehobene und verselbständigte kulturelle Ausprägung, und Gesetzesförmigkeit (Legalismus) ging stets mit Wirrnis und Unordnung einher. Vorherrschaft des Gesetzes verheißt und verhieß nichts Gutes, und diese Abneigung gegen Formalgesetze wird auch auf eine juristische Rhetorik übertragen, die sich im legalistischen Räsonnement bewegt. Werden aber Fragen der sozialen Gerechtigkeit verhandelt, dann wird der Bereich des Formaljuristischen verlassen, und wir finden uns im Bereich der politischen Rhetorik wieder, die in China ungleich stärker ins Gewicht fällt als in den europäisch geprägten Kulturkreisen. Ganz ähnlich in Japan.

In Japan werden gewisse Versprechen erst nach einiger Zeit und bei Eintritt einiger bekräftigender Umstände rechtlich bindend. Der Rechtsstreit wird auch bei klaren Prozeßaussichten, in welchem dem Gesetz zufolge eine Partei zumeist ganz obsiegt oder unterliegt, tunlichst vermieden. Und das, um der sozialen Norm zu genügen, wechselseitig das Gesicht zu wahren, ein *topos* von höchster rechtlicher Relevanz.

Das wirkt sich auch auf die Prozeßlust aus: Obgleich wir Bundesdeutschen nur halb so zahlreich sind wie die Japaner, ist bei uns die Zahl der geführten Prozesse doppelt so hoch wie dort.

Anhang: Kritische Anmerkungen zum juristischen Schrifttum

Wie alles im gesetzesförmigen Recht, so weist auch das juristische Schrifttum eine Unter- und Überordnung auf.

Als erste Rechtsquelle kommen die Texte der *Vorschriften* in Betracht. Sie werden in den amtlichen Sammlungen des Bundes und der Länder veröffentlicht, vor allem im Bundesgesetzblatt, in den Gesetz- und Verordnungsblättern der Länder sowie in den zum Teil gemeinsamen Amtsblättern der Ministerien. Unmittelbar wirksam für unsere innerstaatliche Ordnung sind auch die Rechtsakte der Kommission der Europäischen Gemeinschaften (EWG, Montanunion und Euratom), die im Amtsblatt der Europäischen Gemeinschaften in den Sprachen der EG veröffentlicht werden. Denn die Europäischen Gemeinschaften stellen im Gegensatz zum Rat für gegenseitige Wirtschaftshilfe (RGW oder Comecon = Council of Mutual Economic Aid) überstaatliche (supranationale) Gebilde dar, die Recht unmittelbar für die Mitgliedsländer setzen können, ohne daß diese das Gemeinschaftsrecht in innerstaatliches Recht überführen müßten.

Die zweite Stelle unter den Rechtsquellen nehmen die *Entscheidungen* der Obersten Gerichte, der Bundesgerichte sowie der Oberlandesgerichte ein. Hier wieder rangiert an erster Stelle das Bundesverfassungsgericht, das ja, wie gezeigt, sogar Gesetze aufheben, deren Erlaß vorschreiben oder vorübergehend eine Rechtsmaterie regeln kann und insofern ebenbürtig neben dem Gesetzgeber steht. Das BVerfG veröffentlicht seine Entscheidungen in einer eigenen Reihe, desgleichen der Bundesgerichtshof zu Karlsruhe, dessen Urteile und Beschlüsse getrennt nach Zivil- und Strafsachen in einer eigenen Sammlung erscheinen. Ebenso verfahren die anderen Bundesgerichte: das Bundesverwaltungsgericht in Berlin, das Bundesarbeits- und Bundessozialgericht in Kassel sowie der Bundesfinanzhof in München: Sie alle legen ihre Entscheidungen in je eigenen Sammlungen vor.

Entscheidungssammlungen treffen wir auch auf der Stufe der Oberlandesgerichte, der Oberverwaltungsgerichte und ihrer Ge-

genstücke in den anderen Rechtsbereichen an. Hervorzuheben sind hier die Entscheidungen des Bundespatentgerichts in München, dem Sitz des Europäischen Patentamts. Dieses Gericht nimmt den Rang eines Oberlandesgerichts ein und ist dem Bundesgerichtshof vorgeschaltet. Es besteht überwiegend nicht aus Juristen, sondern aus Technikern.

Nicht amtliche Sammlungen bestehen weiter etwa für die Oberlandesgerichte in Zivilsachen oder für das gesamte Verkehrsrecht. Führende Zeitschriften wie etwa die *Neue Juristische Wochenschrift* drucken Entscheidungen ab und enthalten auch Verzeichnisse der Fundstellen.

Den dritten Rang in der Stufenfolge nehmen die *Erläuterungen* oder *Kommentare* zu den Rechtstexten ein. Kommentare sind typische Arbeitsmittel der Theologen und Juristen, was darauf verweist, daß die religiösen oder juristischen Texte alles andere als eindeutig sind, da sie sonst kaum der Kommentierung bedürften. Die Kommentare erläutern die Rechtstexte anhand von Entscheidungen, Lehrbüchern, Einzelabhandlungen und Aufsätzen so, daß sie oft ins Gewaltige anschwellen. Ein Beispiel bildet der Kommentar von Wieczorek zur Zivilprozeßordnung, einer Rechtsmasse, die uns wahrhaftig nicht schicksalhaft interessiert. Dieser Kommentar ist an die 7000 Seiten stark und besteht aus 3 Bänden, die vorsichtshalber nicht nach Seiten durchnumeriert sind.

Als gebräuchlichste Kommentare zu den Hauptrechtsmassen seien genannt:

zur *Zivilprozeßordnung* neben Wieczorek: Rosenberg / Schwab; Stein / Jonas;

zur *Strafprozeßordnung:* Löwe / Rosenberg; Kleinknecht /Meyer und den Karlsruher Kommentar zur StPO, herausgegeben vom ehemaligen Präsidenten des Bundesgerichtshofs Gerd Pfeiffer;

zum *Strafgesetzbuch:* Schönke / Schröder; Dreher / Tröndle und den Leipziger Kommentar zum StGB;

zum *Bürgerlichen Gesetzbuch:* die Kommentare von Palandt, Soergel, Staudinger sowie den Münchner Kommentar zum BGB und den Reichsgerichtsräte-Kommentar (RGRK), der das BGB »mit besonderer Berücksichtigung der Rechtsprechung des Reichsgerichts und des Bundesgerichtshofs« erläutert;

zum *Handelsgesetzbuch:* Schlegelberger; Baumbach / Duden / Hopt; weiter den von Hermann Staub begründeten Großkommentar, der von Mitgliedern des Reichsgerichts weitergeführt und von vielen Juristen neu bearbeitet wurde;

aus dem *Arbeitsrecht* zum *Kündigungsschutzgesetz* und sonstigen kündigungsrechtlichen Vorschriften: den Gemeinschaftskommentar von Becker / Etzel / Friedrich / Gröninger / Hillebrecht / Rost / Weigand / M. Wolf und I. Wolf;

zum *Mitbestimmungsgesetz:* Thomas Raiser;

zum *Betriebsverfassungsgesetz:* Hess / Schlochauer / Glaubitz;

zum *Arbeitsgerichtsgesetz:* Grunsky;

aus dem *Sozialrecht* zum *Allgemeinen Teil* des in Entstehung begriffenen Sozialgesetzbuchs (SGB): Peters / Hommel;

zu den Teilen I, III und IV des noch zu schaffenden SGB: die Gemeinschaftskommentare, an denen mitwirken: Burdensky, von Maydell, Merten, Meydamm, Schellhorn;

zum *Jugendwohlfahrtsgesetz:* Potrykus;

zum *Sozialhilfegesetz:* Keese / Kursawe / Burucker;

zum *Grundgesetz:* von Mangoldt / Friedrich Klein; Schmidt-Bleibtreu / Franz Klein; Alternativ-Kommentar zum Grundgesetz (Reihe Alternativkommentare, Hrg. Rudolf Wassermann);

zum *Bundesverfassungsgerichtsgesetz:* Leibholz / Rupprecht;

aus dem *materiellen Verwaltungsrecht zum Bundesbaugesetz:* Battis / Krantzberger / Löhr; Schlez;

zum *Bundesbeamtengesetz:* Fischbach;

zum *Asylverfahrensgesetz:* Baumüller / Brunn / Fritz / Hillmann;

zum *Hochschulrahmengesetz:* Dallinger / Bode / Dellian;

aus dem *formellen Verwaltungsrecht zum Verwaltungsverfahrensgesetz:* Knack; Obermayer; Meyer / Borgs;

zur *Verwaltungsgerichtsordnung:* Redeker / von Oertzen; Eyermann / Fröhler;

aus dem *Umweltrecht* zum Bundes-Immissionsschutzgesetz: Jarass; zur 12. Verordnung zur Durchführung des Bundes-Immissionsschutzgesetzes (Störfall-VO v. 27. 6. 1980): Schäfer.

Ausgespart bleiben bei dieser beispielsweisen Aufführung von Kommentaren zu wichtigen Gesetzen wie auch in meiner Darstellung unseres Rechts solch wichtige Gebiete wie Steuern, Sozialversicherung, Patente und Kernkraft. Nicht, daß diese Gebiete nicht auch gesetzlich geregelt wären. Doch überwiegen hier die technischen Normen, woher denn auch diese Gebiete weniger von Juristen bestimmt werden als von Fachleuten, die eigens dafür ausgebildet sind. Schon die diese Bereiche regelnden Gesetze wie etwa das Einkommensteuergesetz, die Reichsversicherungsordnung oder das Betriebsrentengesetz sind so technisch gehalten, daß selbst ein Jurist sie kaum versteht, erst recht nicht die entscheidenden Durchführungsverordnungen zu solchen Gesetzen. Die Genehmigungsrichtlinien etwa zum Atomgesetz versteht ohnehin kein Laie; daß der Fachmann sie auch nicht versteht, erweist sich zusehends. Hier also kommt es mehr auf die jeweilige politische Grundhaltung an als auf Fachwissen.

Unter dem Deckmantel objektiv nachgeprüfter - oder doch nachprüfbarer - Sachverhalte und Gedankenführungen entbrennt hier ein Kampf im Meinungsmäßigen, nicht anders als in den Lehrbüchern zum Recht, auf die wir jetzt kurz zu sprechen kommen.

Die gängigen Einführungen ins Recht und in einzelne Rechtsgebiete sowie die entsprechenden *Lehrbücher* zu ihnen richten den angehenden Juristen mehr oder weniger geschickt auf die standeseigene Ideologie ab; Ideologie hier im Doppelsinne zu verstehen als standeseigene Grundüberzeugung - und als falsches gesellschaftliches Bewußtsein. Die Normen wurden und werden auf dem Hintergrund der jeweils herrschenden Berufs- und Zeitüberzeugung ausgebreitet, entworfen und erklärt, so etwa seinerzeit auf dem Hintergrund der Nazi-Ideologie oder heute bezogen auf die freiheitlich-demokratische Grundordnung im Westen Deutschlands oder auf den Sowjetkommunismus - von Marx ist da praktisch wenig zu spüren - im Osten Deutschlands. Und siehe da: Die Normen fügen sich. Sie stimmen immer, denn falsches Bewußtsein immunisiert. Daher dienen diejenigen, die Bestehendes nur normativ verklären und im übrigen lediglich in Rechtstechnik einweisen, den jeweils Herrschenden.

Grund: Das Gesetz ist schon der Form nach konservativ, indem es im »Wenn-Satz« an Bestehendes anknüpft. Erst recht sind die Sachwalter der Freiheit, die als Garanten der Freiheit nur als Gesetzeshüter auftreten, gegen jeden Wandel abgeschirmt. Ein grundlegender sozialer Wandel kann daher nicht bei einer Verbesserung der Gesetze ansetzen. Dieser Befund ist nicht nur auf die Jurisprudenz beschränkt. Er erstreckt sich auch auf die normative Volkswirtschaftslehre etwa der Neoliberalen, die Psychologie etwa der Skinner- und Freud-Schule, die Soziologie eines Pearsons und Luhmann und die normative Pädagogik etwa eines Brezinka. Überall hier wird Bestehendes vorausgesetzt und es zu erhalten, zu erklären und zu vervollkommnen gesucht.

Doch auch im Recht gibt es noch kritische und lesenswerte Autoren.

Allen voran nenne ich den heute mehr denn je zeitgenössischen Julius von Kirchmann: Die Wertlosigkeit der Jurisprudenz als Wissenschaft. Vortrag von 1848, verlegt in Darmstadt ohne Jahr. Von Kirchmann geißelt wissenschafts- wie gesellschaftskritisch die Selbstaufblähung der Justiz und der Rechtslehre. Er war ein Zeitgenosse Honoré Daumiers, und beide alles andere als Umstürzler. Was Daumier mit dem Stift vollbrachte, das vollbrachte Kirchmann mit dem Wort. Beide sind bis heute unüberholt.

Als weiteren justiz- und sozialkritischen Autor führe ich Anton Menger an: Das bürgerliche Recht und die besitzlosen Volksklassen. Tübingen 1927. Menger schreibt auf S. 24: »Es ist natürlich, daß das bürgerliche Recht, welches seit Jahrtausenden bloß von den besitzenden Volksklassen ausgebildet worden ist, auch vollständig im Dienst ihrer Interessen steht«. Und er fügt hinzu: Bei aller Ausfeilung des Rechts sei es »der ungeheuren Mehrheit der Nation unerreichbar geworden« (S. 31).

Von heute ähnlich kritischen Autoren greife ich für die Bereiche Familien- und Strafrecht heraus: Evelyn Kühn: Viel Staat – doch wenig Recht. Wie Gesetze uns verplanen. Edition Interfrom. Zürich 1981; Helmut Ostermeyer: Die bestrafte Gesellschaft. Ursachen und Folgen eines falschen Rechts. München/Wien 1975.

An herrschaftsbestätigenden Einführungen ins Recht nenne ich: Fritz Baur. Einführung in das Recht der Bundesrepublik Deutschland. 4. Aufl., München 1984; Manfred Rehbinder: Einführung in die Rechtswissenschaft. Grundfragen, Grundlagen und Grundgedanken des Rechts. 5. Aufl., Berlin/New York 1983. Aus den unverschulten und anregenden Einführungen ins Recht wähle ich den allseits geschätzten Gustav Radbruch: Einführung in die Rechtswissenschaft. 12. Aufl. nach dem Tode des Verfassers neu besorgt von Konrad Zweigert. Stuttgart 1969; und Uwe Wesel: Juristische Weltkunde. Eine Einführung in das Recht. Frankfurt am Main 1984.

Personen- und Sachregister

In der Reihe der »Schlüsselbücher« erschienen bisher folgende Titel:

Franz Wuketits, Schlüssel zur Biologie
Hermann Rauhe/Reinhard Flender, Schlüssel zur Musik
Hubert Rodingen, Schlüssel zum Recht

Die nächsten Bände:

Horst Eichler, Schlüssel zur Ökologie
Freya Stephan-Kühn, Schlüssel zur Geschichte
Helmut Neunzert, Schlüssel zur Mathematik
Dieter Liewerscheidt, Schlüssel zur Literatur
B. Uwe Weller, Schlüssel zur Politik
Franz Wuketits, Schlüssel zur Philosophie

In Vorbereitung:

Schlüssel zur Chemie
Schlüssel zur Pädagogik
Schlüssel zur Informatik
Schlüssel zur Psychologie
Schlüssel zur Soziologie
Schlüssel zur Physik

(Aus redaktionellen Gründen kann von dieser Reihenfolge abgewichen werden)

Herrmann Rauhe/
Reinhard Flender
Schlüssel zur
Musik
Ein radikal neuer Ansatz, Musik (gleichgültig ob E- oder U-Musik) zu verstehen.
ECON

224 Seiten inkl. 15 Grafiken und 8 Seiten farbige Abbildungen und 8 Seiten Schwarzweißabbildungen, gebunden

ECON Verlag, Postfach 9229, 4000 Düsseldorf 1

Wolfgang Gewalt
Auf den Spuren der Wale
Expeditionen von Alaska bis Kap Hoorn